# 生态系统视域下高校外语教师的国际发表研究

SHENGTAIXITONG SHIYUXIA GAOXIAO WAIYUJIAOSHI DE GUOJIFABIAO YANJIU

彭剑娥　著

·广州·

**版权所有　翻印必究**

**图书在版编目（CIP）数据**

生态系统视域下高校外语教师的国际发表研究/彭剑娥著. —广州：中山大学出版社，2019.12
ISBN 978-7-306-06803-3

Ⅰ.①生… Ⅱ.①彭… Ⅲ.①外语教学—教学研究—高等学校　Ⅳ.①H09

中国版本图书馆 CIP 数据核字（2019）第 293001 号

**本书为国家社会科学基金项目（14BYY067）资助的研究成果**

| | |
|---|---|
| 出 版 人： | 王天琪 |
| 策划编辑： | 熊锡源 |
| 责任编辑： | 熊锡源 |
| 封面设计： | 刘　犇 |
| 责任校对： | 姜星宇 |
| 责任技编： | 何雅涛 |
| 出版发行： | 中山大学出版社 |
| 电　　话： | 编辑部 020-84111996，84113349，84111997，84110779 |
| | 发行部 020-84111998，84111981，84111160 |
| 地　　址： | 广州市新港西路 135 号 |
| 邮　　编： | 510275　传　真：020-84036565 |
| 网　　址： | http://www.zsup.com.cn　E-mail：zdcbs@mail.sysu.edu.cn |
| 印 刷 者： | 广州市友盛彩印有限公司 |
| 规　　格： | 787mm×1092mm　1/32　9.75 印张　220 千字 |
| 版次印次： | 2019 年 12 月第 1 版　2019 年 12 月第 1 次印刷 |
| 定　　价： | 40.00 元 |

如发现本书因印装质量影响阅读，请与出版社发行部联系调换

# 序　言

　　就语言教学（包括本族语教学和外语教学）而言，涉及的因素很多，其中教师就是一个非常重要、举足轻重的因素。有人认为，一个好的语言教师，不论教材有多糟糕、学生的基础有多差，都可以帮助学生很快提高学习水平和语言使用能力。因此，要做好教学工作，教师发展是一个不可忽视的问题。

　　近些年来高校教师教育与发展研究受到普遍关注，高校教师的专业发展对推动我国高等教育事业、提升高校科研水平有着重要意义。长期以来，外语教师总体上科研产出相对不足，似乎被贴上"重教学、轻科研"的刻板印象。然而，以人为主体对象的研究不能脱离对环境因素的考察，外语教师作为社会生活结构中的"全人"，其专业发展的小生境嵌套在家庭、学校、社会甚至国际等一系列环境中，他们有着授业育人、创造知识、建立身份认同的职业理想，也经历普通社会个体的情感诉求和生活压力。因此，研究者应将视角投射到外语教师成长所处的外部环境，关注其发展轨迹。可喜的是，近些年来关于外语教师专业发展的理论探索与实证研究的论文和专著如雨后春笋，大大丰富了人们对外语教师这一特定人群的了解，为外语教师思考和规划职业生涯提供了切实的参考。在当前科研成为高校教师重要职责的时代背景下，如何提高外语教师的科研能力、增加科研产出是有着重大现实意义的研究课题。

《生态系统视域下高校外语教师的国际发表研究》这部专著聚焦外语教师国际学术论文发表的现状与影响因素。研究采用美国心理学家布朗芬布伦纳（Urie Bronfenbrenner）的人类发展生态系统作为理论构架，采用了问卷调查和访谈相结合的方法，调查或访谈了高校外语教师、期刊主编、高校科研管理部门负责人，从个体和环境、微观与宏观的角度分析了影响外语教师国际学术论文发表的因素及其交互作用，并总结了高校外语教师国际学术论文发表的生态模型。研究设计合理，材料殷实，数据分析科学、严谨，较为立体、生动地呈现了高校外语教师在教学、科研、家庭等不同生态系统中所遇到的挑战、积累的经验以及取得的成长和进步。诚然，本研究的样本量略显不足，如果能招募到更多的外语教师参与调查，研究结果则更有代表性。但是瑕不掩瑜，相信本研究对外语教师和其他学科的高校教师提高科研能力、增加科研产出、长远规划职业发展等都有相关参考价值。

我在大约十年前的一次广东省外国语言学会年会上认识了本书作者彭剑娥，彼时她刚从悉尼大学取得博士学位回国，看得出她对科研的热忱以及对职业生涯发展的憧憬。很高兴看到这些年过去了，她依然以一片初心对待科研，坚持不懈地探索，相信本研究也反映了她对自身作为高校外语教师的自鉴和反思。

高校教师不仅仅传授知识，更肩负着创造知识、传播中华优秀文化、提升我国文化软实力的历史使命，外语教师大

## 序　言

多具有语言学、应用语言学、文学、文化、翻译等专业背景，具备开展科研、产出优秀科研成果的潜力，希望有更多的研究者去关注和探讨如何发挥外语教师的科研能力，促进外语教师良性的职业发展。

最近这些年，我一直试图从生态语言学视角分析语言与语言教学的问题；我认为，我们生活中所涉及的种种事情，都属于生态系统中的活动。从生态的角度审视我们的行为（包括语言教学），会使我们更加了解自己和自己所热衷的一切活动的实质，也更加了解我们周围的人和他们所从事的各种活动（包括言语活动）。在本书中，彭剑娥教授采取生态学理论作为指导，聚焦问题，在美国心理学家 Bronfenbrenner 的嵌套式生态系统理论框架中进行定量和质性研究，我读后颇受启发，因此乐于推荐。

黄国文<br>
英国爱丁堡大学博士、威尔士大学博士<br>
教育部"长江学者"特聘教授<br>
华南农业大学教授、博士生导师<br>
2019 年 10 月 1 日

# 自 序

本书为国家社会科学基金项目"高校外语教师国际学术论文发表的现状与影响因素研究"（编号：14BYY067）资助的研究成果。

在完成本书的此刻，百感交集，本研究倾注了本人太多的感情、思考和努力。与书中参与研究的很多外语教师一样，我也是怀着对科研的无限热爱，一路走过生活的颠簸与挑战，从一名"青椒"踏进了中年教师的行列。身为教师、研究者、母亲、妻子、女儿，我深知在扮演多重社会角色的同时要开展科研和论文写作，殊为不易，我们常常需要面对理想与现实的碰撞和内心自我的撕裂。几年前选择这一课题的初衷，就是希望基于自己作为一线外语教师的经历，通过实证研究深入了解同行们在职业发展中的心路历程，尽可能多角度地探索如何提升外语教师科研能力和国际发表能力，在国际学术界发出外语学者的声音，为我国高等教育的发展尽我们的微薄之力。

本研究得到了很多前辈、同行的鼎力相助。我首先衷心感谢参与问卷调查和访谈的所有外语教师、期刊主编、高校科研部门负责人，感谢他们对教育事业赤诚的爱和对本研究提供的无私帮助。如果没有他们的支持和参与，本研究是无法完成的。为了保护隐私起见，在此不便一一写下我想致谢的名字，谨此再次向他们致以最诚挚的谢意！感谢湖南大学的谢玉华教授无私分享了其研究所使用的调查工具，使本调查研究取得了较高的效度。

在本研究的数据收集阶段，北京外交学院的许宏晨教授、东北师范大学的刘宏刚教授、外语学术科研网的董一书老师、汕头大学科研处的黄玉梅老师和卓燕群老师给予了我很大帮助，帮忙将调查问卷信息发布到相关的学术群和工作群。感谢我当时的硕士生姚珊珊、杜心怡在数据收集和访谈文本转写方面付出的辛勤工作。感谢新南威尔士大学的高雪松副教授、广东药科大学的郑瑶菲副教授和暨南大学的汤敬谦老师为本课题相关研究提供的支持和帮助。

感谢黄国文教授在百忙之中为拙著作序，更感谢黄教授在我学术成长道路上给予的启迪、鼓励和帮助。

感谢汕头大学文学院毛思慧院长、李杰副院长、谌华玉主任以及所有同事一直以来对我的关爱和帮助，在院系领导的大力支持下，我才能够在履行教学、科研、服务等职责的同时完成本项目的研究。感谢汕头大学科研处的领导和老师对我的大力支持。感谢汕头大学李嘉诚基金会资助本书的出版。

感谢本项目课题组的以下成员：徐浩（北京外国语大学中国外语与教育研究中心）、李杰（汕头大学文学院）、文兵（汕头大学文学院）、谢黎嘉（汕头大学医学院）、姚珊珊（宜昌市外国语中学）。感谢他们从课题书撰写、开题、数据收集和分析、结项报告撰写等各个阶段所付出的时间和努力，他们的帮助与支持，保证了课题研究的顺利开展。

彭剑娥<br>2019 年 10 月

# 目　录

表格目录 ·················································· 1

图示目录 ·················································· 4

## 第1部分　研究背景与文献检索分析

第1章　引言 ··············································· 2
 1.1　研究背景 ········································ 2
 1.2　研究思路 ········································ 4
 1.3　本书结构 ········································ 5

第2章　我国高校外语教师国际学术论文发表的现状
   与趋势 ············································ 7
 2.1　研究方法 ········································ 8
  2.1.1　研究对象 ·································· 8
  2.1.2　数据采集方法 ···························· 8
  2.1.3　数据筛查原则 ···························· 10
 2.2　结果与讨论 ······································ 11

2.2.1 论文发表趋势 ………………………………… 11
  2.2.2 高校外语教师第一作者论文的发表
        情况 ……………………………………… 12
  2.2.3 高校外语教师境外合作论文的发表
        情况 ……………………………………… 14
  2.2.4 SSCI 和 A&HCI 收录高校外语教师论文
        最多的前 10 种期刊 ……………………… 15
  2.2.5 论文语种分布 …………………………… 18
 2.3 讨论 …………………………………………… 19
 2.4 小结 …………………………………………… 22

# 第 2 部分　文献述评与理论构架

## 第 3 章　文献述评 ……………………………… 24
 3.1 高校外语教师的科研现状 …………………… 24
 3.2 外语教师关于科研的看法 …………………… 29
 3.3 外语教师的科研动机研究 …………………… 31
 3.4 国际学术论文发表的全球兴起 ……………… 36

## 第 4 章　总体理论构架：生态学理论 ………… 42
 4.1 生态学理论的缘起 …………………………… 43
 4.2 国内生态语言学研究的发展 ………………… 43
 4.3 语言教学研究的生态取向 …………………… 45
 4.4 Bronfenbrenner 的生态系统理论 …………… 46

4.5　Bronfenbrenner 的生态系统理论在教师研究中
　　　的应用 ·············································· 49
4.6　生态学理论在本研究的适切性 ················· 57
4.7　小结 ················································· 58

# 第 3 部分　主研究：问卷调查与访谈

## 第 5 章　问卷调查：高校外语教师的科研动机与国际学术论文发表 ······································· 60

5.1　研究方法 ············································ 60
　　5.1.1　研究问题 ···································· 60
　　5.1.2　参与对象 ···································· 61
　　5.1.3　研究工具 ···································· 64
　　5.1.4　数据收集与分析 ·························· 66
5.2　研究结果 ············································ 68
　　5.2.1　每周的授课时数和用于科研研读、著述
　　　　　 的时间 ······································· 68
　　5.2.2　科研情况 ···································· 69
　　5.2.3　科研对教学的作用 ······················· 76
　　5.2.4　科研动机及其与学术论文发表的
　　　　　 关系 ·········································· 77
　　5.2.5　国际学术论文发表的影响因素及其与
　　　　　 论文发表的关系 ··························· 94
　　5.2.6　参与教师的意见反馈 ···················· 102

5.3 讨论 …………………………………… 110
5.4 小结 …………………………………… 119

## 第6章 质性访谈研究：方法与步骤 …………… 120
6.1 研究问题 ……………………………… 120
6.2 访谈对象 ……………………………… 121
  6.2.1 高校外语教师 ……………………… 121
  6.2.2 国内外学术期刊主编 ……………… 122
  6.2.3 高校科研管理部门负责人 ………… 123
6.3 研究工具 ……………………………… 123
6.4 数据收集与分析 ……………………… 124
6.5 小结 …………………………………… 126

## 第7章 微系统：高校外语教师国际学术论文发表 …… 127
7.1 科研观念与态度 ……………………… 128
7.2 科研动机 ……………………………… 131
  7.2.1 内部动机 …………………………… 132
  7.2.2 外部动机 …………………………… 133
7.3 科研能力 ……………………………… 137
7.4 学术写作能力与经验 ………………… 140
7.5 讨论 …………………………………… 145
7.6 小结 …………………………………… 148

## 第8章　中间系统：教师科研与学术发展的角色博弈 ································ 149
   8.1　教学任务与学校服务 ································ 149
   8.2　家庭责任 ································ 152
   8.3　博士项目 ································ 156
   8.4　教师培训与访问学者项目 ················ 159
   8.5　学术会议、同侪交流 ······················ 162
   8.6　讨论 ································ 169
   8.7　小结 ································ 174

## 第9章　外系统：教师科研与学术发展的外环境 ········· 175
   9.1　学术守门人 ································ 175
   9.2　学校政策 ································ 198
   9.3　讨论 ································ 206
   9.4　小结 ································ 211

## 第10章　大系统：教师科研与学术发展的宏观环境 ··· 212
   10.1　宏观政策与学术文化话语导向 ················ 212
   10.2　国际学术发表态势 ······················ 223
   10.3　小结 ································ 225

# 第4部分　研究结果与建议

## 第11章　高校外语教师国际学术论文发表的生态系统 ································ 228
   11.1　高校外语教师国际学术论文发表的生态

　　　　　　模型 …………………………………………… 228
　　11.2 高校外语教师国际学术论文发表的环境影响
　　　　　　因素及期望 ………………………………… 235
　　11.3 小结 …………………………………………… 237

第12章 研究结果与建议 ………………………………… 238
　　12.1 主要研究结果 ………………………………… 238
　　12.2 建议 …………………………………………… 242
　　12.3 研究的不足与展望 …………………………… 248

参考文献 ……………………………………………………… 251

附　录 ………………………………………………………… 275
　　附录一　中国高校外语教师科研情况调查 ………… 276
　　附录二　中国高校外语教师科研情况访谈提纲 …… 285
　　附录三　国际期刊主编的访谈提纲 ………………… 287
　　附录四　国内期刊主编的访谈提纲 ………………… 288
　　附录五　高校科研管理部门负责人的访谈提纲 …… 289

# 表格目录

表 2.1　SSCI 4 个学科收录我国高校外语教师论文最多的前 11 种期刊 …………………………… 16

表 2.2　A&HCI 14 个学科收录我国高校外语教师论文最多的前 12 种期刊 …………………………… 17

表 2.3　SSCI 和 A&HCI 相关学科收录我国高校外语教师论文的语种分布 …………………………… 19

表 5.1　参与教师的性别和年龄 …………………………… 62

表 5.2　参与教师的最高学历和学习经历 …………………………… 62

表 5.3　参与教师任教大学所在的区域、城市及学校类型 …………………………… 63

表 5.4　参与教师的职称和研究方向 …………………………… 64

表 5.5　参与教师每周的授课时数和科研研读、著述的时间 …………………………… 68

表 5.6　参与教师以第一作者发表的论文、专著和教材情况 …………………………… 70

表 5.7　参与教师主持的课题情况 …………………………… 71

表 5.8　参与教师科研情况 Mann-Whitney $U$ 和 Kruskal-Wallis $H$ 检验结果（平均秩次）………… 73

表 5.9 参与教师对科研对高校外语教师教学所起作用的看法 …………………………………………… 76
表 5.10 科研动机变量的因子负荷与信度 ……………… 78
表 5.11 参与教师科研动机各个维度的描述统计 ……… 81
表 5.12 参与教师对科研动机量表题项回答的频数分析（%）…………………………………………… 82
表 5.13 科研动机独立样本 $t$ 检验和方差分析结果（平均值）………………………………………… 86
表 5.14 参与教师国际期刊及 CSSCI 期刊论文发表情况 ……………………………………………… 90
表 5.15 科研动机对国际期刊论文发表的零膨胀负二项回归分析结果 …………………………………… 92
表 5.16 科研动机对 CSSCI 期刊论文发表的零膨胀负二项回归分析结果 ……………………………… 93
表 5.17 国际学术论文发表影响因素的因子负荷与信度 ……………………………………………………… 95
表 5.18 参与教师对国际学术论文发表影响因素量表题项回答的频数分析（%）………………… 97
表 5.19 影响因素对国际期刊论文发表的零膨胀负二项回归分析结果 ………………………………… 100
表 5.20 影响因素对 CSSCI 期刊论文发表的零膨胀负二项回归分析结果 …………………………… 101
表 5.21 关于国际学术期刊论文发表的激励政策（$n=146$）……………………………………………… 103
表 5.22 参与教师关于国际学术期刊论文发表的主要看法（$n=70$）…………………………………… 105

表 5.23　参与教师关于激励国际学术期刊论文发表的
　　　　　建议（$n=70$）…………………………… 107
表 6.1　参加访谈的高校外语教师的信息 ……………… 122
表 6.2　受访权威学术期刊主编的信息 ………………… 123
表 11.1　高校外语教师国际学术论文发表的生态系统
　　　　　因子及教师期望………………………………… 236

# 图示目录

图 2.1　2000—2014 年我国高校外语教师 SSCI 4 个学科的论文数量趋势 …………………… 12

图 2.2　2000—2014 年我国高校外语教师 A&HCI 14 个学科的论文数量趋势 …………… 13

图 2.3　2000—2014 年高校外语教师第一作者 SSCI 论文发表情况 ………………………… 13

图 2.4　2000—2014 年高校外语教师第一作者 A&HCI 论文发表情况 ……………………… 14

图 2.5　高校外语教师境外合作 SSCI 论文数量—高校外语教师境外合作 SSCI 论文比例 …………… 16

图 4.1　Bronfenbrenner 的嵌套式生态系统（van Lier, 2004:209） ……………………………… 49

图 4.2　母亲反应、出生体重、社会阶层对婴孩问题行为的影响（译自 Bronfenbrenner & Morris, 2006:800） …………………………… 56

图 11.1　高校外语教师国际学术论文发表的生态模型 …………………………………………… 229

# 第1部分

# 研究背景与文献检索分析

# 第1章 引　　言

## 1.1　研究背景

随着我国在国际政治、经济、国防军事等领域的崛起和大国地位的确立，提升我国作为一个文化大国的国际地位成为当今重要的历史使命。建设文化强国，增强中国哲学社会科学的国际学术话语权的任务迫在眉睫（教育部，2011a）。当前，我国制定了推进建设世界一流大学和一流学科，提升我国教育发展水平，增强国家核心力的重大战略目标（国务院，2015），我国学者应当更积极参与国际学术对话，向国际推介中国文化、学术思想和科学研究成果。我国自然科学领域的研究学者在这方面取得了较大成功，他们在国际学术期刊发表的文章数量已经跃居世界前沿并产生较大影响，然而人文社会科学学者在国际学术界的声音却依然非常微弱（王宁，2009a）。高等学校集中了人文社科研究领域的高层次人才，科研是高校教师的基本任务之一，高校教师理所当然成为推进我国人文社会科学研究国际化的骨干力量。教育部和财政部颁发的《高等学校哲学社会科学繁荣计划（2011—2020年）》（教社科〔2011〕3号）明确提出"坚持'走出去'与'请进来'相结合，提升国际学术交流质量和

# 第 1 章　引　言

水平,推动高等学校哲学社会科学走向世界,增强中国学术的国际影响力和话语权"的战略任务。

高校外语教师在学科性质和语言方面尤其具备学术"走出去"与"请进来"的优势。外国语言文学学科在国际学术界具备成型、系统的理论,国内本土培养以及留学回国的外语教师形成了庞大的学科队伍。相对来说,外语教师在学科研究和语言方面本应具备参与国际学术对话,争取国际学术话语权的优势。王宁(2009b:105)指出:"包括高校外语教师在内的外语人才应该先行一步,充当推介中国文化的先锋。"然而,事实上,我国高校外语教师的科研和国际学术论文发表情况很不理想。不少学者指出,科研是高校外语教师的传统弱项(戴炜栋,2009);外语教师人均科研成果少,创新性研究匮乏,实证研究比例偏低(汪晓莉、韩江洪,2011)。相比政治学、经济学、法学等其他人文学科,外语学科的学者在国际期刊发表的论文要少得多(王宁,2009b)。

近些年来,国内外学界日益关注二语教师的职业发展,尤其是二语教师对待科研的态度、科研动机以及在科研中面临的挑战等(Bai & Hudson, 2011; Borg & Liu, 2013; 顾佩娅等, 2017; 汪晓莉、韩江洪, 2011; 周燕, 2005, 2007)。研究者们从不同角度探索外语教师的职业需求和环境影响因素,但是很多研究主要对不同因素进行单独分析,缺乏综合的高屋建瓴的理论指导框架,对影响高校外语教师科研产出的因素尚缺乏系统、全面的梳理和分析。本研究采用了哲学社会科学领域广泛应用的生态学理论(Bronfenbrenner, 1979, 1993),将高校外语教师视为嵌套于一系列环境系统的发展个体,根据与个体关系的密切程度,这些环境系统分为微系统(microsystem)、中间系统(mesosystem)、外系统(exosystem)、大系统(macrosystem),系统与个体相互作用并影响个体的发展。顾佩娅等(2017)的研究也参考了Bronfenbrenner的生态系统模型,其研究主题是中国高校英语教师专业发展环境,而本研究聚焦的是高校外语教师的国际学术发表,目前尚未见文献中有使用Bronfenbrenner的生态系统模型对本专题开展系统的研究。

本研究基于当前鼓励高校哲学社会科学"走出去",提升我国的国际学术话语权,建设世界一流大学和一流学科的时代背景,在前人关于高校外语教师发展、科研能力研究的基础上,调查我国外语教师国际学术论文发表的现状及影响因素,侧重从个体和环境、微观与宏观的角度分析影响外语教师国际学术论文发表的因素及其交互作用,为高校外语教师更好地参与国际学术交流、取得学术发展提供可资借鉴的经验,为增强我国学者在国际学术领域的话语权提供实证证据,为国家和高校更好地支持教师发展提供参考。

## 1.2 研究思路

本研究主要分为4个阶段。第一阶段进行详尽的文献检索与分析,通过对2000—2014年两大检索数据库SSCI(社会科学引文索引)和A&HCI(艺术与人文科学引文索引)进行检索,甄选出我国高校外语教师发表的SSCI和A&HCI论文,分析高校外语教师国际学术论文发表的现状及发展趋势。在第二阶段,开展大型的问卷调查,对我国高校外语教师的科研状况、科研动机、国内外学术论文和著作发表情况、对科研的看法、对影响国际学术发表的因素等进行了详尽调查，并且对相关数据进行频数分析、Mann-Whitney $U$ 检验、Kruskal-Wallis $H$ 检验、因子分析、独立样本 $t$ 检验、方差分析、零膨胀负二项回归分析等，以进一步探查因素之间的相互影响关系。在第三阶段，对参与问卷调查的其中 10 位高校外语教师进行了深入访谈，从外语教师的主位视角对上述问题进行深度剖析。此外，对国际外语学科权威 SSCI 期刊的 3 位主编进行了访谈，了解相关期刊的稿件要求以及主编对中国作者稿件的看法以及建议；对 2 位国内权威 CSSCI 期刊主编进行了访谈，了解他们对外语教师科研论文的评价以及建议；对 2 位高校科研管理部门负责人进行了访谈，了解高校相关的科研激励政策等。以 Bronfenbrenner 的嵌套式生态系统模型为框架，对访谈数据进行质性内容分析（qualitative content analysis）（Dörnyei, 2007）。在第四阶段，综合定量和质性数据分析结果，构建高校外语教师国际学术论文发表的生态模型，综合分析影响教师国际学术论文发表的个人和环境因素及其交互作用，为高校外语教师在国际学术领域发展提供切实的建议和启示。

## 1.3 本书结构

本书一共分为 4 个部分，12 章。第 1 部分包括第 1 章至第 2 章。第 1 章主要介绍本课题研究的背景以及总的研究思路，第 2 章汇报了对高校外语教师在 2000—2014 年 SSCI 和 A&HCI 期刊发表论文情况的检索和分析，以梳理这 15 年我国高校外语教师在国际核心期刊发表论文的状况与趋势。

第 2 部分包含第 3 章和第 4 章。第 3 章为文献述评,主要对我国高校外语教师的科研现状、科研动机,以及国内外关于国际学术论文发表的研究进行回顾述评。第 4 章则陈述本研究的总体理论构架,即生态学理论。首先介绍了生态学的缘起以及其在语言教学中的应用,然后重点介绍美国心理学家 Bronfenbrenner(1979,1993)的人类发展生态系统理论及其在教师教育和教师发展研究中的应用,这是本研究综合定量和质性研究数据的提纲挈领的理论框架。

第 3 部分包括第 5 章至第 10 章,主要汇报了主研究,包括定量和质性研究的研究对象、研究工具、数据分析、结果与讨论等。其中,第 5 章汇报了在高校外语教师中进行的问卷调查研究以及结果,第 6 章介绍了继问卷调查之后进行的质性访谈的研究设计。由于本研究以 Bronfenbrenner(1979,1993)的嵌套式生态系统作为阐释研究数据的理论框架,为了避免重复,从第 7 章到第 10 章,分别以高校外语教师国际学术论文发表的微系统、中间系统、外系统、大系统为结构,汇报质性访谈数据,并且结合相关的问卷调查分析结果,对各个生态系统以及系统中生态因子的相互关系进行深描和详细剖析。

第 4 部分为本研究的结论和建议。在第 11 章,基于问卷和质性访谈研究的分析结果,本研究提出高校外语教师国际学术论文发表的生态模型。第 12 章提出本研究的结论与建议。

# 第 2 章　我国高校外语教师国际学术论文发表的现状与趋势[①]

目前，国际公认的人文社科领域的学术评价系统是两大检索数据库 SSCI（社会科学引文索引）和 A&HCI（艺术与人文科学引文索引）。SSCI 和 A&HCI 由原美国科学信息研究所（ISI），现汤森路透科技集团（Thomson Reuters）所建立，截至 2015 年 7 月，SSCI 收录了 3217 种社会科学类期刊，A&HCI 收录了 1761 种人文艺术科学类期刊。国内很多高校和科研机构将 SSCI 和 A&HCI 作为评价高校教师和科研工作者的重要依据。迄今，不少学者基于 SSCI、A&HCI 分析了我国高校人文社会科学的国际论文发表情况（刘莉、刘念才，2009；郑海燕，2012）以及某个学科，如教育学（刘强、丁瑞常，2014）、信息科学和图书馆学（傅文奇，2011）等的论文发表情况。在外语学科领域，施渝和徐锦芬（2013）基于 SSCI 的 29 种期刊分析了国内外外语焦虑的研究进展，冯佳和王克非（2014）通过检索 SSCI、A&HCI 和

---

[①] 本章原以《我国大陆高校外语教师国际学术论文发表的现状与趋势——基于 2000—2014 年 SSCI 与 A&HCI 论文的分析》为题发表在《语言教育》2017 年第 2 期，署名彭剑娥、汤敬谦。

CCI-SSH（社会科学会议录索引）三大数据库，分析了国际语言规划和语言政策研究的学科分布、期刊分布、时间和地区/机构分布、热点课题、知识结构等情况。然而，迄今缺乏对我国高校外语教师 SSCI 和 A&HCI 论文发表情况的系统检索和分析。

## 2.1 研究方法

### 2.1.1 研究对象

本研究检索分析的论文的作者是我国高校外语教师，具体指高校里以外语从事语言学、应用语言学、外国文学、翻译等学科的教学和研究的教师。因此，论文作者单位为外国语学院，或人文学院、文学院里的英语系或其他语系的作者均列入本范畴，而单位为专业研究机构，如社会科学院等的论文作者，则不列入本研究范畴。由于香港、澳门、台湾地区与内地（大陆）有不同的科研体系和政策（刘莉、刘念才，2009），本研究只以我国内地（大陆）的高校为对象，不包括香港、澳门、台湾地区的高校和科研机构（为行文方便，以下简称"我国高校"）。

### 2.1.2 数据采集方法

本研究以 2000—2014 年 SSCI 和 A&HCI 收录的期刊为基础，重点检索外语学科的论文。由于 SSCI 和 A&HCI 以学科条目（category）收录期刊，"外语学科"可能涵盖语言学、文学、教育学等不同学科条目，而且两大数据库的期刊数量庞大,如果通过诸如"foreign language""foreign literature"等关键词进行检索,可能会生成大量不相关的数据。因此,经过仔细分析,确定本研究的数据源为 SSCI 的 4 个学科共 525 种期刊(该 4 个学科为:Linguistics;Education & Educational Research;Communication;Cultural Studies),以及 A&HCI 的 14 个学科共 786 种期刊(该 14 个学科为:Cultural Studies;Humanities, Multidisciplinary;Language & Linguistics;Literary Reviews;Literary Theories & Criticism;Literature, African, Australian, Canadian;Literature, American;Literature, British Isles;Literature, German, Dutch, Scandivinian;Literature, Romance;Literature, Slavic;Literature;Poetry;Theater)。

此外,SSCI 收录的文献类型包括研究性论文(article)、书评(book review)、综述性论文(review)、社评材料(editorial material)等,而 A&HCI 除了收录文献外,还包括诗歌(poetry)和小说(fiction)。由于研究性论文占大多数并且最能体现研究水平,而诗歌和小说也能反映人文科学学者的学术造诣,因此,本研究只分析 SSCI 的研究性论文以及 A&HCI 的研究性论文、诗歌和小说等文献数据。

本研究的数据采集于 2015 年 6 月 10 日。我们将文献数据时间设定为 2000—2014 年,分别检索 SSCI、A&HCI 相关学科的期刊文献,精炼出作者单位含有"China"的文献,然后排除我国香港、澳门和台湾的数据,再对数据作进一步筛查和分析。

### 2.1.3 数据筛查原则

根据以上方法，从 SSCI 采集到 3939 篇文献，从 A&HCI 采集到 2877 篇文献。由于本研究的对象是高校外语教师的论文发表情况，因此要分别对采集到的数据作进一步分析，原则如下：

（1）SSCI 和 A&HCI 2 个数据库中，都存在同一本期刊归属 2 个或多个学科的现象，如 *TESOL Quarterly*，*Language Policy* 等期刊同时属于 SSCI 数据库中的 Linguisitcs 和 Education 学科，*Style* 同时属于 A&HCI 中的 Literary Theory & Criticism 与 Language & Linguistics 学科。因此，按照以上 2.1.2 小节所列的学科顺序，属于多个学科的期刊只计算在最早分析的学科中。如，*TESOL Quarterly* 的文献数据按 Linguistics 学科计算，根据 Education 学科检索到的 *TESOL Quarterly* 的文献数据则删除。

（2）由于 SSCI 和 A&HCI 收录的期刊有交叉，因此，2 个数据库的文献数据会有重复。如，统计结果显示，收录在 SSCI 的 Linguistics 学科的 1088 篇文献数据同时也收录在 A&HCI 的 Language & Linguistics。因此，根据分析顺序，SSCI 的文献数据如果重复收录在 A&HCI，则从 A&HCI 中删除。

（3）筛选我国高校外语教师的文献数据。首先根据作者单位判断，如作者单位是国内高校的外语学院，或人文学院、文学院里的英语系或其他语系等，则定为有效数据。如果作者单位仅显示国内高校名字，则根据文献题目、摘要等内容，进行进一步的互联网检索［主要检索相关高校的网站、"教师库"（http://teacher.cucdc.com/search/）、必应、百度等］以筛查数据。

## 2.2 结果与讨论

### 2.2.1 论文发表趋势

统计结果表明，2000—2014 年我国高校外语教师在 SSCI 和 A&HCI 两大数据库共发表论文 1308 篇，且呈逐年上升之势。其中，在 SSCI 四大主要学科期刊上共发表论文 417 篇，同期收录在这四大学科的中国机构作者的论文数量为 1442 篇，外语教师所发论文占 28.9%。2000—2014 年我国高校外语教师在 A&HCI 14 个学科期刊上共发表论文 891 篇，同期收录在这些学科的中国机构作者的论文数量为 1413 篇，外语教师所发论文占 63.1%。图 2.1 和图 2.2 分别显示了高校教师以及中国机构作者所发表的 SSCI 和 A&HCI 论文的数量和发展趋势。

从图 2.1 的折线可以看出，自 2009 年起，我国学者及高校外语教师的 SSCI 论文出现较快增长，总体上，高校外语教师的 SSCI 论文数量增长较慢，我国 SSCI 论文数量呈快速增长之势。图 2.2 的折线则显示，自 2005 年起，我国学者及高校外语教师的 A&HCI 论文大幅增长，此后每年有一定程度的波动，不过整体上呈上升趋势。经分析，这主要因为在 2005 年我国出版的期刊《外国文学研究》（*Foreign Literature Studies*）被 A&HCI 收录，这本期刊主要以中文文献为主，大部分作者是国内学者，从这一年起，A&HCI 收录的国内学者的论文骤然增多。在 2005—2014 年间，收录在

A&HCI 的《外国文学研究》的中国学者的论文为 982 篇，其中高校外语教师的论文 637 篇（在读博士生的论文未计算在内）。换言之，如果从高校外语教师发表的 891 篇论文中剔除这 637 篇本土期刊的论文，高校外语教师在 A&HCI 其他期刊发表的论文只有 254 篇。

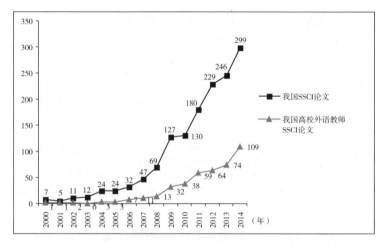

图 2.1　2000—2014 年我国高校外语教师 SSCI 4 个学科的论文数量趋势

## 2.2.2　高校外语教师第一作者论文的发表情况

2000—2014 年收录在 SSCI 四大学科的高校外语教师第一作者的论文有 339 篇，收录在 A&HCI 14 个学科的高校外语教师第一作者的论文有 883 篇。图 2.3 和图 2.4 分别显示了高校外语教师第一作者论文的篇数和总发展趋势。

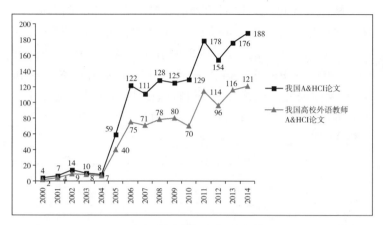

图 2.2　2000—2014 年我国高校外语教师 A&HCI 14 个学科的论文数量趋势

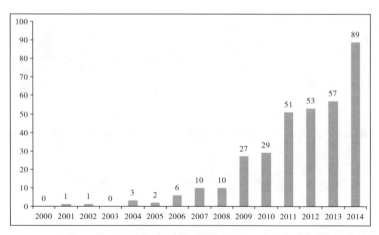

图 2.3　2000—2014 年高校外语教师第一作者 SSCI 论文发表情况

从图 2.3 可见，以高校外语教师为第一作者的 SSCI 论文也呈逐年上升之势，尤其自 2011 年始，每年达到 50 篇以上。图 2.4 显示，虽然自 2005 年始，以高校外语教师为第一作者的 A&HCI 论文篇数激增，但是如果剔除本土期刊《外国文学研究》的论文，外语教师在 A&HCI 其他国际刊物所发的论文数量相对较少，只有 2011、2013、2014 这 3 年达到 30 篇以上。

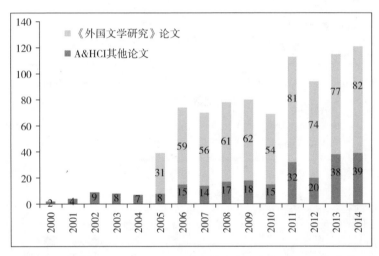

图 2.4　2000—2014 年高校外语教师第一作者 A&HCI 论文发表情况

## 2.2.3　高校外语教师境外合作论文的发表情况

本研究对高校外语教师境外合作论文的界定为，论文作者中起码有一位中国内地高校外语教师和一位中国港澳台地区或国外学术机构的作者。2000—2014 年，从 SSCI 4 个学科共检索到 166 篇境外合作论文，占高校外语教师发表论文（417 篇）的 39.8%。其中，第一作者为内地外语教师的论文 88 篇，占境外合作论文（166 篇）的 53.0%；第一作者为境外作者的论文 78 篇，占境外合作论文（166 篇）的 47.0%。图 2.5 显示了 2000—2014 年 SSCI 境外合作论文的组成以及占当年高校外语教师论文的比例。从图 2.5 可见，近 5 年来，高校外语教师与境外学者合作的 SSCI 论文数量明显增加，境外合作论文占外语教师论文总数的比例均在 30%～45%，表明目前高校外语教师在 SSCI 期刊发表论文中逐渐加强了与境外学者的合作。然而，高校外语教师的 A&HCI 境外合作论文数量相对少很多，只有 35 篇，仅占高校外语教师 A&HCI 论文（891 篇）的 3.9%，因此不作进一步的图示。

### 2.2.4 SSCI 和 A&HCI 收录高校外语教师论文最多的前 10 种期刊

本研究进一步统计了 SSCI 的 4 个学科和 A&HCI 的 14 个学科收录的我国高校外语教师论文最多的前 10 种期刊，由于部分期刊的论文篇数相等，表 2.1 列出共 11 种篇数为 8 以上的 SSCI 期刊，表 2.2 列出 12 种篇数为 5 以上的 A&HCI 期刊。

从表 2.1 可见，我国高校外语教师发表最多的前 11 种 SSCI 期刊中，*Journal of Pragmatics* 排在首位，达到 30 篇。从影响因子看，除了 *English for Specific Purposes*（IF = 1.659）和 *Language Teaching Research*（IF = 1.067）的影响因子较高外，其他期刊的影响因子均低于 1。进一步分析发现，过去 15 年，高校外语教师在外语学科一些高影响因子

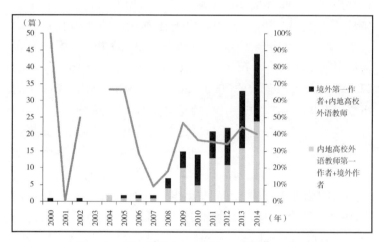

图 2.5 高校外语教师境外合作 SSCI 论文数量—高校外语教师境外合作 SSCI 论文比例

的期刊的论文数量极少，其中，*Journal of Second Language Writing*（IF = 1.773）6 篇，*Language Learning*（IF = 1.612）1 篇，*Studies in Second Language Acquisition*（IF = 1.556）1 篇，*Applied Linguistics*（IF = 1.453）2 篇。

表 2.1 SSCI 4 个学科收录我国高校外语教师论文最多的前 11 种期刊

|   | 期刊名称 | 篇数 | 占比（%） | 影响因子（IF） |
| --- | --- | --- | --- | --- |
| 1 | Journal of Pragmatics | 30 | 7.19 | 0.831[a] |
| 2 | System | 25 | 6.00 | 0.721 |
| 3 | Language Teaching Research | 13 | 3.12 | 1.067 |

续表 2.1

| | 期刊名称 | 篇数 | 占比(%) | 影响因子(IF) |
|---|---|---|---|---|
| 4 | TESOL Quarterly | 11 | 2.64 | 0.940 |
| 5 | English Today | 9 | 2.16 | 0.414 |
| 6 | Babel: Revue International de la Traduction/International Journal of Translation | 9 | 2.16 | 0.041 |
| 7 | Asia-Pacific Education Researcher | 8 | 1.92 | 0.737 |
| 8 | International Journal of Lexicography | 8 | 1.92 | 0.526 |
| 9 | ELT Journal | 8 | 1.92 | 0.720 |
| 10 | English for Specific Purposes | 8 | 1.92 | 1.659 |
| 11 | Journal of Quantitative Linguistics | 8 | 1.92 | 0.622 |

a 影响因子来自汤森路透科技集团在 Journal Citation Reports 公布的 2014 年数据。

表 2.2　A&HCI 14 个学科收录我国高校外语教师论文最多的前 12 种期刊

| | 期刊名称 | 篇数 | 占比（%） |
|---|---|---|---|
| 1 | Foreign Literature Studies | 637 | 71.49 |
| 2 | Perspectives: Studies in Translatology | 43 | 4.83 |
| 3 | Neohelicon | 29 | 3.25 |
| 4 | Semiotica | 23 | 2.58 |
| 5 | META | 20 | 2.24 |
| 6 | Muttersprache | 16 | 1.80 |

续表2.2

| | 期刊名称 | 篇数 | 占比（%） |
|---|---|---|---|
| 7 | Lili-Zeitschrift fur Literaturwissenschaft und Linguistik | 10 | 1.12 |
| 8 | Narrative | 6 | 0.67 |
| 9 | ARIEL: A Review of International English Literature | 5 | 0.56 |
| 10 | CLCWeb: Comparative Literature and Culture | 5 | 0.56 |
| 11 | RLC-Revue de Litterature Comparee | 5 | 0.56 |
| 12 | Zeitschrift fur Anglistik und Amerikanistik | 5 | 0.56 |

从表2.2可见，我国高校外语教师发表最多的前12种A&HCI期刊中，我国本土期刊《外国文学研究》的论文为637篇，占了绝大部分（71.49%）。其他篇数较多的包括 Perspectives: Studies in Translatology（《视角：翻译学研究》），这是一本关于翻译和跨学科研究的季刊；Neohelicon（《新诗神》），是关于比较文学和文化研究的半年刊；Semiotica（《符号学》），是国际符号学会的会刊，每年5期；META（《媒他》）是国际翻译研究的权威期刊，每年4期（更详细的期刊介绍，参见王宁，2009a）。由于A&HCI没有计算影响因子，表2.2中没有列出期刊的影响因子。

### 2.2.5 论文语种分布

在本研究所检索的SSCI和A&HCI相关学科的高校外语教师论文（1308篇）中，英语论文651篇，中文论文614

篇，德语论文 35 篇，法语论文 6 篇，西班牙语论文 2 篇（见表 2.3）。可见，如果不将本土期刊《外国文学研究》的论文计算入内，SSCI 和 A&HCI 收录的我国高校外语教师的论文以英文为主。

表 2.3　SSCI 和 A&HCI 相关学科收录我国高校外语教师论文的语种分布

|  | 英语 | 中文 | 德语 | 法语 | 西班牙语 |
| --- | --- | --- | --- | --- | --- |
| SSCI | 414 | 2 | 0 | 0 | 1 |
| A&HCI | 237 | 612 | 35 | 6 | 1 |
| 总计 | 651 | 614 | 35 | 6 | 2 |

## 2.3　讨论

本研究对过去 15 年 SSCI 4 个学科和 A&HCI 14 个学科的期刊文献进行了检索和分析，发现我国高校外语教师的国际论文发表数量不大，SSCI 论文占同期我国学者所发表论文的比例较低，而 A&HCI 论文的比例则较高，主要由于 A&HCI 自 2005 年始收录了我国出版的一本期刊。这一发现与汪晓莉和韩江洪（2011）的研究相符。尽管我国普通高校专任外语教师队伍庞大，据教育部统计 2008 年达到 11.94 万人（汪晓莉、韩江洪，2011），外语教师发表的 SSCI 和 A&HCI 论文数量却非常少。值得欣慰的是，高校外语教师的国际论文发表呈逐年上升的趋势，这与近些年来国内学术界对国际期刊的日益重视密不可分，具体或可从以下方面解读。首先,国内人文社科研究领域加大了对 SSCI 和 A&HCI 的推介,文献检索显示,在外语学科领域,王宁教授一直不遗余力倡导外语人才为中国学术走向世界做出贡献,并对 SSCI 和 A&HCI 做了详尽推介(王宁,2009a,2009b,2013),国内基于这两大数据库的研究也日益增多,相应加深了高校外语教师对这两大数据库及收录期刊的了解。此外,国内外语类 CSSCI(中文社会科学引文索引)期刊数量较少,年度文章刊载量低,在 CSSCI 来源期刊发表文章的难度很大。汪晓莉和韩江洪(2011:9)指出,"目前中国 11.94 万外语专任教师如果每人要在 CSSCI 来源期刊上发表 1 篇论文的话,大约一共要 62 年"。同时,SSCI 和 A&HCI 论文在很多高校的评价体系中占有较高权重,甚至能带来高额奖金(刘莉、刘念才,2009)。因此,高校外语老师自然会将目光投向国际期刊。另一个重要原因是,随着教育全球化的不断推进,很多高校外语教师从国外或者港、澳、台等地区深造归来,获得博士等高学位;或者曾赴国外高等学府访学,经历过国际学界的科学研究和论文写作规范的训练,有较高的职业发展规划和理想追求,因此他们发表的国际论文逐渐增多。

从境外合作论文看,SSCI 的境外合作论文明显比 A&HCI 的多,一定程度上说明了在社会科学研究领域,高校外语教师加强了与境外学者的合作,因此,如果剔除 A&HCI 中《外国文学研究》的论文,高校外语教师的 SSCI 论文多于 A&HCI 论文。诚然,《外国文学研究》在 A&HCI 的收录,能够将国内的研究成果推介到国际学术界,但由于期刊论文多用中文撰写,难免使论文成果的受众减少。因此，如果由于对前沿问题的认知欠缺或囿于语言因素，国内研究者可以通过与境外学者的合作，走出参与国际学术对话的第一步。不少学者提出，国际学术界的边缘参与者应该通过协作和合作发表的方式建立自己的"研究关系网"（Belcher，2007；Feng, Beckett & Huang, 2013），促进自己的学术成长。因此，在艺术和人文科学领域，高校外语教师宜加强与境外学者的合作，将自己的研究成果推介到国际学术界。

从检索的论文语种看，除了《外国文学研究》的论文，绝大部分论文以英语为主。诚然，不可否认，SSCI 和 A&HCI 的期刊收录存在"意识形态和语言文化霸权的因素"（王宁，2009b：104），以 SSCI 和 A&HCI 为导向的人文社会科学国际化值得商榷（朱剑，2009）。然而，在国际化日益加快的当今时代，固步自封、闭门造车是于事无补的，英语的国际普及是不争的事实，要推动中国学术国际化，争取国际学术话语权，我们应当顺势而为，高校外语教师更应提高自身的英语学术写作能力和参与国际学术交流的能力。正如王宁教授（2013：12）所指出的，"对于我们的英语教师和博士生来说，除了要学好母语，用中文在国内发表著述外，更要重视自身英语的写作和中译英的水平，这样才有资格参与中国文化走出去的大项目中"。

本研究首次以中国内地高校外语教师为研究对象，系统检索过去 15 年高校外语教师发表 SSCI 和 A&HCI 论文的情况。由于一些客观因素，研究难免有以下不足。首先，由于本研究的文献计量分析对象是我国高校外语教师的论文，而且主要根据 SSCI 的 4 个相关学科和 A&HCI 的 14 个相关学科来采集期刊论文数据，因此，必然会遗漏高校外语教师在这些学科以外的论文数据，尽管这部分数据数量应该不多。由于SSCI包含56个学科条目，A&HCI包含28个学科条目，共计近5000份期刊，而在研究后期尚需人工甄选高校外语教师的数据，因此，从资源利用和工作量方面考虑，只能选取相关学科的期刊。此外，在后期甄选高校外语教师数据的过程中，由于部分数据的机构名称信息不充分，没有填写到二级学院或单位，尽管我们花了大量时间进行网上检索，统计结果难免会有误差，本研究结果仅为了解高校外语教师国际论文发表的总体情况和发展趋势而提供参考。最后需要指出的是，我们无意鼓吹将SSCI和A&HCI作为人文社会科学学术评价的唯一标准，相反，应该加深对SSCI和A&HCI的了解，进而优化国内的文献检索数据库，建立我国人文社会科学研究的国际化的和多元的评价标准（王宁，2013）。

## 2.4 小结

本研究检索了2000—2014年SSCI 4个学科525种期刊和A&HC 14个学科786种期刊的论文，对论文的年度分布和趋势、高校外语教师第一作者论文、境外合作论文、论文篇数最多的前10种期刊以及语种分布等进行了详尽分析。研究发现，高校外语教师的SSCI和A&HCI论文总量偏低，但呈逐年上升之势。如果剔除A&HCI收录的本土出版的期刊论文，外语教师的SSCI论文远多于A&HCI论文，SSCI的境外合作论文远多于A&HCI的境外合作论文，绝大部分论文的语种是英语。

# 第2部分

# 文献述评与理论构架

# 第 3 章 文献述评

第 2 章汇报了基于文献检索和分析的当前我国高校外语教师国际学术论文发表的状况,以期为高校外语教师了解当前国际研究前沿和发展趋势提供方向。本章将对高校外语教师的科研和论文发表情况的相关国内外文献和研究成果进行述评。虽然本研究的重点是外语教师国际学术论文发表的情况与影响因素,但是论文发表与科研态度、科研动机、科研行为等息息相关,因此,本研究在文献检索和研究设计上包含对高校外语教师的科研现状、科研动机、科研观念与态度、科研成果等的调查和分析。

## 3.1 高校外语教师的科研现状

教学和科研是高校教师的两大基本职责,在如今全球化进程加快、知识快速更新的大背景下,高校教师的任务不仅仅是传承知识,更重要的是创造知识,为学科发展、理论革新做出贡献。高校外语教育同样肩负"认识世界、传承文明、创新理论、咨政育人、服务社会"的历史使命(束定芳、华维芬,2009:42)。因此,高校外语教师同样需要具备相应的科研能力,开展本学科的科研活动,才能更好实现

# 第 3 章 文献述评

我国外语教育和外语学科发展的新时代战略任务。正如汪晓莉和韩江洪（2011：44）所指出的，"科研能力则是高校教师的基本素质之一"。

然而，研究表明，我国高校外语教师的科研意识较弱，科研和国际学术论文发表情况甚不理想。在回顾新中国成立60年间我国外语教育专业的发展时，戴炜栋（2009：12）谈到，在改革开放以后，"我国的外语学术研究日益受到重视，学术交流活跃"，但是教学仍然是大部分外语教师的主要工作，科研是外语教师的传统弱项。文秋芳（2017：9）指出，我国虽然有最庞大的外语教师队伍，但是"在世界外语教学界影响力甚微"。夏纪梅（2006：63）也指出，"教学研究是关乎教师学术生命和保证教学效益的重要环节，也是我国外语教师职业生涯中的薄弱环节"。汪晓莉和韩江洪（2011）剖析了高校外语教师在科研方面的四大弱项：人均科研成果数量少、优秀科研成果缺乏、创新性研究匮乏、实证研究比例偏低。

国内学者从不同角度分析了影响高校外语教师科研发展的因素。汪晓莉和韩江洪（2011）从宏观角度指出以下四大因素影响了外语教师的科研发展：学科建设滞后、博士生教育滞后、缺乏学科带头人和学术骨干、学术期刊平台建设落后。从教师这一微观角度分析，原因也很多。吴一安（2008）指出，教师的内因（如热爱教师职业、对知识不断追求等）起决定性作用。刘宇文和张鑫鑫（2010）认为，过分重外部激励的机制使教师未能体验到科研创新所带来的满足感。以上观点与自我决定理论（self-determination）（Deci & Ryan，1985）的内部动机的要旨相一致（详见3.3

小节)。其他影响原因包括教学任务繁重、缺乏进修与学习机会、缺乏科研训练和专业危机感(王海啸,2009);英语语言障碍、缺乏英语学术写作策略、与英语母语学者合作不够(黄萍、赵冰,2010);等等。

近年来,关于高校外语教师科研状况和探因的实证研究有上升之势。研究普遍发现,高校外语教师人均科研成果数量少,其中一个主要原因是外语教师普遍承担较重的教学工作量。高校外语教师拥有庞大的队伍,教育部的数据显示,2008年我国普通高校专任外语教师数量"占全国普通高校专任教师总数的9.7%,比任何一个人文社会科学门类的专任教师数都多"(汪晓莉、韩江洪,2011:45)。戴曼纯和张希春(2004:43)在全国1030余所高校中抽取了有代表性的40所高校,在其英语教师中展开了大型问卷调查,调查内容涉及"教师素质(包括学历、学位、科研成果等)、教材、教学理念、教学方法、对教学改革及语言测试的看法等"各个方面的内容,共回收有效问卷1194份。其结果显示,"86.6%的教师认为自己的强项是教学,只有3.4%的人认为自己更长于科研"(戴曼纯、张希春,2004:44)。该调查同时表明,高校英语教师的工作负担较重,61.6%的教师周课时数12节以上,其中10%的教师超过16节,可见高校英语教师的教学工作量远远高于其他学科的高校教师。周燕(2007)在全国六大自然区的49所院校开展了高校英语教师发展需求的调查,基于920份有效问卷的调查结果表明,55%的受访教师的周课时为8~12节,有29%的教师的周教学任务是13~18节,12%的教师的周课时为18个小时以上,也即40%以上的教师每周的教学工作量不少于13节。

## 第 3 章　文献述评

　　高校外语教师的科研弱项不仅体现在数量上，也体现在质量上。这大概是由于平时教学工作量大，加上很多外语教师没有受过博士研究生阶段的科研训练。许多外语教师"在大学甚至研究生阶段所受的专业训练缺乏对创新性科研能力的培养"（任伟，2018：26）。戴曼纯和张希春（2004）的调查显示，参与调查的大学英语教师中52.4%的人没有研究生教育背景，英语专业教师中25.9%的人缺乏研究生教育背景。可见，在缺乏专业科研训练情况下，为了应对科研任务以及职称评审、绩效考核等，很多外语教师可能倾向做低层次的重复研究，因此缺乏优秀的创新性研究成果。汪晓莉和韩江洪（2011：46）对近10年连续三届的高等学校人文社会科学研究优秀成果奖进行了统计，发现外语教师"所获奖项总数非常少，奖项等级偏低"，在1501项获奖成果中，外国语言文学类获奖项目只有40项，占2.7%，"与外语教师占全国高校教师总数高达9.7%的比例严重不相符"。从中国知网上收录的外语类论文可以发现，虽然论文数量大，但很多论文属于对某个理论的转述、介绍或者是在结合理论进行教学实践上的讨论。大量论文缺乏对语言问题和语料的原创的、创新性的研究（束定芳，2009；王克非、王福祥、彭宣维，2005）。

　　可想而知，由于缺乏系统的科学研究训练，高校外语教师论文产出中实证性研究成果较少。众所周知，实证性研究需要在研究之初形成有意义的研究问题，并根据文献发现该领域的研究空白，进而在数据采集、数据分析等方面进行科学设计并对数据进行合理阐释。因为缺乏实证研究设计和数据分析能力，高校外语教师的研究含实证性数据的比例偏低。彭伟强、朱晓燕、钟美华（2008）统计了国内10种外语类核心期刊1996—2007年间发表的外语教师教育与发展研究论文，发现以思辨为主的研究占83.5%，而实证性研究仅占16.5%。

近年来国外学界也开始关注包括中国高校在内的外语教师的科研现状。以利兹大学学者Simon Borg为代表的一系列研究充分汇报了高校外语教师的科研情况。Borg和Liu（2013）在725名中国高校外语教师中展开了问卷调查，并且对其中20位教师进行了深度访谈。研究结果发现，14.3%的调查对象极少甚至从不阅读科研文献，37.4%的教师表示偶尔阅读，但是作者提醒"偶尔"更有可能是"不怎么读"的委婉说法；此外，20.9%的受访者表示他们极少甚至从不进行科研，52.7%的人表示偶尔进行科研，而只有26.4%的人表明他们有时候或者经常进行科研。关于从事科研的原因，大部分受访者（81.2%）认同的原因是对职业发展有利，而关于不从事科研的原因，最多人（49.3%）认同的原因是难以发表文章，其他原因依次是没有人可以给予建议（47.8%）、对研究方法不够了解（47.1%）、没有时间做研究（47.1%）等。可见，Borg和Liu（2013）的研究同样表明，我国高校外语教师的科研状况不容乐观，而影响其科研投入的因素众多，既有个体因素也有环境因素。

Xu（2014）对国内104名高校外语教师开展了叙事研究，并对其中4位进行了深度访谈。其研究同样发现，22位（21.1%）参加调查教师表示极少甚至从不阅读科研文献，39人（37.5%）表示有时候阅读，25人（24%）表示极少甚至从不进行科研，55人（52.9%）表示有时候进行科研，

# 第 3 章 文献述评

只有 23 人（22.1%）表示经常开展科研。这些结果与 Borg 和 Liu（2013）的研究结果相符。

综上所述，我国高校外语教师的科研状况总体上较弱，在科研投入、科研能力、科研成果等方面都尚待提高。周燕（2005，2008）的研究采用社会建构主义、实践共同体（Lave & Wenger，1991）等理论，也表明外语教师虽有迫切的自我发展需求，但是对于科研能力对教学和自身职业发展的作用认识不足。为了了解影响外语教师科研的因素，有必要了解外语教师对科研的看法，并对其科研动机深入研究。因为态度和动机是人们从事活动的重要驱动力，了解外语教师的科研态度和动机有助于深入分析影响其科研论文发表的因素。

## 3.2 外语教师关于科研的看法

教学、科研和社会服务被认为是高校教师的重要职责（王斌华，2005）。教学与科研的关系一直以来是高等教育研究的讨论热点。Hattie 和 Marsh（1996：508-514）总结了几类关于教学与科研关系的模型：①负相关模型，认为时间、精力、工作承诺（commitment）是教师拥有的稀缺资源，在教学或科研上花费的资源越多，在另一方面就越少；教学和科研要求的是两种截然相反的个性，研究者更喜欢独处，喜欢与思想、科研材料打交道，而教师喜欢结伴，喜欢跟学生打交道；教学和科研是两种矛盾的角色，有着不同的角色期望和义务，受不同的成就动机所驱动。②正相关模型认为教学和科研相互促进，二者融为一体；教学上和科研上的成功所需要的能力是一样的，即工作承诺、创造性（creativity）、乐于钻研（investigativeness）和批判性分析（critical analysis）等。③零相关模型认为科研以发现为主，教学以传播为主，二者是完全不同的两种活动；研究者与教师的个性完全不同，没有多少共同之处；官方应该根据教师适合做研究还是教学来聘用和奖励他们（陈桦、王海啸，2013；陆根书、顾丽娜、刘蕾，2005）。

同时，很多学者支持教学与科研相辅相成，科研能够促进教学的观点。Neumann（1992：159）通过对澳大利亚高校副校长、院长、学术委员会主席等高级学术管理人员的访谈，提出教学和科研存在"共生关系"（a symbiotic nexus）。在我国开展的若干实证研究也支持教学与科研的正相关关系。Wei，Cheng 和 Zhao（2007）在北京师范大学 2364 名不同学科的教师中开展了为期 4 个学期的研究，发现教学成效与科研产出呈正相关关系。他们提出，教师的教学成效得益于其科研产出。陆根书等（2005）从学校层次探讨高校教学与科研的关系，通过收集 5 年的中国高校评价中排名前 100 位高校的教学、科研方面的数据，发现高校人才培养与科学研究之间存在显著的正相关关系。

然而，在外语学科，从业教师对教学与科研两者关系的看法较为复杂。很多学者提出高校外语教师应该在教学和科研上并重，使得教学与科研良性互动（吴一安，2005）。然而，很多教师缺乏科研知识和科研精神，没有意识到科研对教学以及自我发展过程的作用（杨忠、张绍杰、谢江巍，2001；周燕，2005）。随着高等教育界对科研的日益重视，尽管教师们感受到科研的压力，很多教师日益认同科研的重要性，但是仍有不少教师对科研之于教学的作用持谨慎或怀疑态度。如，Bai 和 Hudson（2011）在国内 3 所高校 245 名英语教师中开展的调查发现，70% 的受访者认同教学和科研同样重要。然而，周燕（2005）针对全国 49 所不同类型院校 920 名英语教师的调查研究发现，38% 的受访者同意或基本同意"好的英语教师不一定非要会搞科研"这一说法，而 49% 的人对此表示不同意或基本不同意。陈桦、王海啸（2013）在全国 131 所大学对 747 名英语教师的调查也发现，60% 的受访者认为"教学更重要"，3% 的人认为"科研更重要"，而 31% 的人认为"两者并重"。顾佩娅、古海波、陶伟（2014：55）采用叙事研究方法，邀请全国 10 所高校英语教师参与叙事问卷调查，结果显示受访教师对科研表现出复杂心态，尽管多数教师"态度积极，坚持不懈，尽力而为"；有的教师提出其困惑，认为"不知道科研的真正价值是什么，研究论文能否提高老师的教学水平始终是一个疑问"。关于英语教师对科研的不确定甚至负面态度，Borg 和 Liu（2013，291）指出，英语教师不能对科研与教学持"简单的观点"（simplistic view），认为能够从科研文献中找到解决本土教学问题的直接方法。Borg 和 Liu 的研究表明，教师在科研阅读和科研实践中的不断探讨、思考能够对教学带来启发。

## 3.3 外语教师的科研动机研究

当前对高校外语教师教学动机的研究较为普遍，而对其科研动机的研究为数不多。高校教师的科研动机属于新兴的研究领域，国内外学界也日益关注这一话题，这可能与当前高校教师普遍面临科研任务和科研压力的现状密切相关。

动机指的是"驱动个体做出某种选择，致力于某项行动，为之付出努力并始终坚持的源泉"（Dörnyei & Ushioda, 2011：3）。高动机水平能够推动个体为了达成某个目标而付出持之以恒的努力。外语教师如果具备较高科研动机，积极从事科研活动，能够获得诸多方面的益处。第一，能够更好地运用理论指导其教学实践，优化教学成效（Bai & Hudson, 2011；Borg, 2010；Yuan, Sun, & Teng, 2016）。当前教师培训或教师教育项目的课程模块通常包括二语习得领域丰富的理论（如认知理论、社会文化理论等，Mitchell, Myles, & Marsden, 2013）以及科研方法（如行动研究，Burns, 2010）（Gu & Wu, 2014），这些课程模块有助于外语教师把理论和实践结合一起，在教学中应用理论，通过科研检验和发展理论。更重要的是，由于高校教师的科研产出被纳入评价机制（Borg & Liu, 2013；Lai, Du, & Li, 2014），开展科研成为高校教师必然的工作内容。在学校层面，教师的科研产出关系到学校的排名、声誉以及由此能够从政府获得的经费支持和其他资源（Xu, 2014）。因此，高校外语教师从事科研对其自身和所属学校的长远发展都具有重要意义。

然而，尽管面临较大的科研压力，高校外语教师的科研动机较低。其因素有很多，除了教学工作量大、缺乏时间开展科研外，文献反映的其他因素包括缺乏科研知识和技能（Yuan et al., 2016），缺乏同侪协作和学校支持（Borg & Liu, 2013；Xu, 2014），以及论文难以发表等（Shi, Wang, & Xu, 2005；Xu, 2014）。Xu（2014）的研究发现，参加调查的大多

# 第3章 文献述评

数外语教师的科研动机是基于职称晋升或者获取毕业证书或学位的外部动机。Borg 和 Liu（2013）的调查也显示，部分受访教师坦白承认他们既缺乏内部科研动机也缺乏外部科研动机。Bai 和 Hudson（2011）以 182 名外语教师为对象的研究也汇报了调查对象缺乏内部科研动机。

内部动机（intrinsic motivation，IM）和外部动机（extrinsic motivation，EM）来源于教育心理学的自我决定理论（Deci & Ryan, 1985）。自我决定理论认为人类行为受内在的需要和心理驱动。人与生俱来有 3 种需求：自主需求（autonomy）、能力需求（competence）、关系需求（relatedness）（Deci & Ryan, 2000），对这 3 种心理需求的满足能够提升个体的内部动机。总的说来，内部动机指个体执行某项任务或某个行为是由于任务或行为本身，而外部动机是指进行某个行为是为了外部的激励或刺激。内部动机细分为知识型内部动机（IM-knowledge）、成就型内部动机（IM-accomplishment）、激励型内部动机（IM-stimulation）（Noels, 2001）。外部动机细分为 4 种：外在调节（external regulation）、摄入调节（introjected regulation）、认同调节（identified regulation）、整合调节（integrated regulation）。外在调节指个体的行为完全源于外部刺激（如实际的奖励）；摄入调节指个体的行为是基于外部压力而强加给自我的，即并没有将外在规则接纳为自我的一部分；认同调节指个体意识到某个行为的价值并接纳为个体的一部分；整合调节指个体将某个行为的价值完全内化为自我的一部分，这一调节类型在文献中较少提及。这 4 种外部动机形成一个自我调节水平从最低到最高的连续体。Ryan 和 Deci（2017）将内部动机与认同调节动机、整合调节动机归类为自主动机（autonoumous motivation），将外在调节和摄入调节归类为受控动机（controlled motivation）。自主动机指个体出于自己的意愿和个人选择而进行某行为的动机，受控动机指个体出于内在压力（如内疚）或外部压力（他人的要求）而从事某行为的动机。

自我决定理论在教育心理学中得到广泛应用（Dörnyei, 2005）。Amabile, Hill, Hennessey 和 Tighe（1994）将这一理论框架应用到实证研究中，研发了著名的工作偏好量表（*The Work Preference Inventory*），这一量表主要测量工作中的内部动机和外部动机。不过该量表倾向于对动机作宽泛描述，而并没有指定研究对象或者行为（如"I enjoy tackling problems that are completely new to me"），而且 Amabile 等（1994）的实际研究中包含了不同类别的研究对象，如大学生和大学教师。

谢玉华、毛斑斑和张新燕（2014）参考了 Amabile 等（1994）的工作偏好量表，结合高校教师的科研实际情况，改编出高校教师科研动机量表。谢玉华等（2014）通过因子分析，得出高校教师的科研内部动机包括科研兴趣、社会责任和贡献、获得知识和提升科研水平、科研成就感、科研动机的灵活性等 6 部分，而科研外部动机则包括社会尊重和认可、职称晋升、获得科研奖励和荣誉、学校考核 4 部分。从以上因子结构可以看出，谢玉华等人的研究是基于内部动机和外部动机的理论主框架进行动机因子结构探索的，而并没有依照 Deci 和 Ryan（1985，2000）的内部动机和外部动机的各个下位概念（如外部动机包含外在调节、摄入调节等）

## 第 3 章 文献述评

来检验或命名各个动机因子。通过对 300 名高校教师的调查，谢玉华等（2014）发现总体上高校教师的科研动机较低，外部动机高于内部动机，内部动机中最重要的因素是获得知识和提升科研水平，而外部动机中得分最高的是职称晋升和学校考核等因素。谢玉华等（2014）通过 $t$ 检验和方差分析，进一步发现高校男教师的内部动机和总动机都高于女教师，而女教师的外部动机高于男教师；"211 工程"大学的教师的内部动机和总动机高于非"211 工程"大学的教师，而非"211 工程"大学的教师的外部动机高于"211 工程"大学的教师。在科研兴趣方面，40～49 岁的教师以及 50 岁以上的教师科研兴趣显著大于 30～39 岁的教师，可见年龄越大，科研兴趣越高。同样，社会责任和贡献方面的差异也存在于这 2 组不同年龄的对比，可见，年龄越大的教师越倾向具有更明显的科研社会责任和贡献的意识。获得知识和提高科研水平方面的差异来自 30～39 岁与 40～49 岁教师之间，后者比前者的得分高。谢玉华等（2014：159）的研究还发现不同学历之间的科研动机差异不显著。职称方面，差异均来自讲师与教授、副教授与教授之间。有趣的是，在内部动机及内部动机各个因子方面，"教授的动机强于副教授，副教授强于讲师，讲师强于助教"，而"在外部动机、职称晋升、获得科研奖励和荣誉方面，助教的动机要强于讲师，讲师强于副教授，副教授强于教授"。谢玉华等（2014）的研究是关于国内高校教师科研动机较为全面的研究，一定程度上也能反映高校外语教师的科研动机状况。

　　与科研动机相关，国内学者也开展了关于英语教师科研倦怠的研究。刘英爽（2013：75 - 76）基于文献设计了《高校英语教师职业倦怠调查表》，在河南、河北、山东、内蒙古自治区、湖南和广东等6个省份1022名教师中开展职业倦怠的调查，其结果表明，在情感衰竭、去个性化和低成就感3个维度上，"从博士（后）、硕士到学士，其得分均呈升高的趋势"，女性教师的职业倦怠水平显著高于男性教师。李文梅（2016）采用自行编制的高校教师科研倦怠量表对高校外语教师的科研倦怠感进行了调查研究，对44份有效问卷的定量数据进行了分析，并对10位教师进行了访谈。结果发现，高校外语教师科研倦怠现象普遍，科研倦怠与科研投入、科研支持、科研动力、科研信心等显著相关，而教授的科研倦怠显著低于其他的职称人群，博士学历的教师的科研倦怠显著低于硕士学历的教师。可见，高职称和高学历的教师由于总体上在科研能力和科研经验方面有优势，相对于其他人群，其科研倦怠感较低。

## 3.4　国际学术论文发表的全球兴起

随着国际化进程的加快，在国际期刊尤其是国际三大索引SCI、SSCI、A&HCI发表论文成为世界范围内学者们的迫切之需，以至于Hyland（2015：1）指出，"学术发表成了真正的全球性活动，仅2012年国际期刊就发表了190万篇同行评审论文，论文全文下载量达到180万篇。随着学者们在国际学术期刊投稿量的激增，国际学术论文发表竞争日趋激烈（Chou，2014；Hyland，2016a；郑咏滪、高雪松，2016）。

国际学术发表在世界范围内的兴起，很大程度上与20

# 第 3 章 文献述评

世纪 80 年代起源于西方发达国家的高等教育领域的新管理主义（new managerialism）息息相关（Lynch，2015）。新管理主义指将市场价值和操作实践应用到对公共服务部门的管理和组织之中，侧重对服务提供者的产出从绩效指标和排名等方面进行评估（Lynch，2015：193 - 194）。新管理主义模式对大学的影响主要体现在"限制高等教育的资金投入量，并建立（准）市场机制来配置资源，强化高校间的竞争"以及"政府通过质量保障、审计、绩效评价和拨款等方式'遥控'大学"（张银霞，2012：106）。新管理主义范式的典型特征是在院校之间、学者之间引入市场竞争机制，对教学、科研业绩等进行标准化测量和评估，而测量和评估的结果直接决定了大学的世界排名。比如，国际上广为接受的大学评价体系有"上海交通大学世界大学学术排名"和"泰晤士高等教育世界大学排名"等，而在泰晤士高等教育世界大学排名中，以引用率计算的科研是最大的评价指标（占比30%）（Jiang，Borg，& Borg，2017）。因此，为了竞争进入世界一流大学，从而获得更多的政府和企业支持、提高国际竞争力、国际声誉、赢得高入学率和高等教育市场的份额，世界范围内的大学日益对大学教师的教学和科研工作提出高要求，其中，在三大索引库中的国际期刊发表论文成了评价大学教师科研产出的重要指标。

随着我国建设双一流大学的战略目标的提出，在国际期刊发表学术论文越来越受到重视。对于教师的职称晋升、绩效考核等方面的评价，很多高校都把在国际学术期刊发表论文作为重要的考量指标，很多高校甚至对在国际高水平期刊如 SCI、SSCI、A&HCI 收录期刊发表论文的教师予以现金奖励（Luo & Hyland, 2016）。近些年来，中国学者向国际期刊投稿的数量也在快速增长，在过去10年，中国学者在国际期刊的发文量占比增长了5.5%，其论文产出从世界排名第14位上升到了第5位（Hyland, 2015）。

然而，相对其他学科的高校教师，外语教师在国际上的学术声音仍然微弱（李云川，2006），在国际学术界仍处于边缘性参与状态。本书第2章详细汇报了2000—2014年我国高校外语教师在SSCI和A&HCI两大数据库的论文发表情况。Bai和Hudson（2011）发现其大多数研究对象在2004—2008年没有任何类型的科研产出，更别说在国际期刊发表论文。如前所述，论文难以发表也是众多外语教师科研动机水平低的一个重要原因。戴曼纯和张希春（2004）的研究发现，在参加调查的1194名外语教师中，发表核心刊物论文总数为1751篇，人均1.46篇（初级职称者人均发表1.14篇，中级职称者0.64篇，高级职称者3.33篇），而这些仅是在国内期刊发表的论文数。外语教师在国际期刊发表的论文数量则更加少（王宁，2009b）。

国际学界对边缘学者（peripheral scholars）（Salager-Meyer, 2014: 78）如何在国际主流期刊发表论文、参与学术对话进行了广泛研究（Belcher, 2007; Canagarajah, 2003; Casanave & Vandrick, 2003; Curry & Lillis, 2004; Flowerdew, 2000; Hyland, 2016a, 2016b; Li, 2007; Politzer-Ahles, Holliday, Girolamo, Spychalska, & Berkson, 2016）。很多学者提出，由于较具影响力的国际期刊均以英文为工作语言（Salager-Meyer, 2014）并遵循西方的科学语篇范式（Belcher, 2007），边缘学者或者按Swales（1987: 43）的术语"网外

## 第 3 章 文献述评

(off-network) 学者"面临着一系列语言和非语言的困难。语言问题包括"词汇活用能力、语际差异、作者身份定位等"（徐昉，2017：49）。而且，英语学术写作体现了源自西方的论辩式语篇风格，与中文写作有着很大区别（Hu & Cao, 2011）。Flowerdew（1999）对香港地区高校的讲师、副教授、教授共 26 名教师进行了访谈，了解他们在撰写英文论文方面的看法、遇到的问题和对策等。其研究发现，参加访谈的教师遇到的挑战主要有：无法像母语者那样灵活表达自己、要花更长的时间在写作上、词汇量比较少、难以用恰当的语言力度提出自己的研究主张、写作过程受母语影响、质性研究文章比定量研究文章更难写、偏向采用简约的写作风格、引言和讨论部分难写等。Flowerdew（1999）的访谈对象所陈述的语言以及语篇方面遇到的困难在英语非母语研究者中具有很大代表性。

除了语言问题，处于国际发表舞台的边缘学者，在社会资源如英文文献、学术主流圈子、论文投稿经验等方面也相对不足。Canagarajah（2003）从自身经历出发，描述自己在斯里兰卡从事学术工作的经历。作为边缘学者，他面临缺乏文献、缺乏科研资金甚至随时会停电等各种困难，他采取了各种对策（如"少说更好策略"，即对自己知之不多的内容不进行深度讨论），争取在国际学术界发表论文，实现合法性边缘参与。国际期刊投稿经验，包括与主编以及审稿专家的往来沟通等，也关系到稿件是否能成功发表（Belcher, 2007）。学者们普遍建议英语非母语作者要保持耐心与恒心，通过学术协作等途径参与国际主流学术对话（Belcher, 2007；Feng et al., 2013；Flowerdew, 2008）。

近几年关于母语和非母语学者的讨论主要集中在非母语者在国际主流期刊发表论文是否处于劣势甚至是否存在"语言不公正"（linguistic injustice）现象等（Hyland, 2016a, 2016b; Politzer-Ahles et al., 2016）。Hyland（2016a）提出，母语者在进行论文写作时跟非母语者一样会遇到语言方面的挑战，前者不因为是母语使用者就会比后者有优势，而且国际期刊主编和审稿人不会因为论文的语言问题而拒稿，这从近些年来英语非母语学者的论文数量大幅增长，很多非母语学者进入国际期刊的主编或编委等现象可见一斑。Salager-Meyer（2008）也认为国际学界对英语非母语者论文的包容度更高。然而，Politzer-Ahles 等（2016）认为，虽然如 Hyland（2016a）所言，母语者在学术写作中也同样会遇到困难，但这不能说明非母语者不会在语言上处于劣势；对于其他方面相近的论文，主编和审稿人更倾向于拒绝语言问题较大（非母语作者所写）的论文，因此，英语非母语者在国际期刊发表论文方面仍然处于不利地位。

关于边缘学者如何寻求在国际期刊发表论文，Li（2007）的研究特别有启发意义。Li（2007）的研究立足于 Lave 和 Wenger（1991）提出的"实践共同体"这一理论框架。Wenger（1998）提出了实践共同体这一重要概念，实践共同体指热衷于自己所做的事情并对其具有热情的一群人，他们在彼此互动中学习如何学得更好。Wenger（1998）提出实践共同体有 3 种归属形式：直接参与（engagement）、想象（imagination）和结盟（alignment）。直接参与指面对面的交流，想象是指通过图式想象，将自己的体验在时空上进行投射，以建立联系；结盟指"调整自己的精力和活动，使之纳

# 第 3 章 文献述评

入更大的结构并促成更大的事业"（Wenger，1998：173 – 174；高一虹，2007）。Li（2007）研究了中国一位化学专业博士生在第一次拟投国际期刊论文的过程中，如何与本地和国际上的专业研究共同体互动的（包括在文献中查阅辩说修辞、给审稿专家留下好印象、考虑目标期刊和读者群的期望等）。Li（2007）的研究结果揭示了学徒式（apprenticeship）学术写作的社会化本质，描述了这位博士研究生从"新来者"（new comer）转变成"早期研究者"（embryonic researcher）的过程，强调了学习某项专业技能的最好方法就是参与使用这项技能的活动中。此外，Li（2007）的研究也说明科研文章是在与本地学术共同体以及全球某个专业学术共同体的互动过程中建构的。Canagarajah（2003）也强调，在实践中不断积累经验是成功发表学术论文的关键，这个过程中所积累的经验和个人体验是在指导写作的出版物中读不到的。Canagarajah 的看法与 Lave 和 Wenger（1991）的实践共同体的理论主旨以及 Li（2007）的观点不谋而合，这些理论和研究对探索我国高校外语教师国际学术发表的影响因素具有重要启发意义。

# 第 4 章  总体理论构架：生态学理论[①]

随着 20 世纪 90 年代以来我国对外语教学改革的高度重视，外语教师教育也成为重要的研究领域。在"社会文化转向"（Johnson, 2006）理论的影响下，外语教师教育研究从早期的关注教师知识、教学能力等转向以"全人"视角，关注教师的信念、情感、职业诉求等专业发展研究。研究内容和重点的拓展也带来了对研究范式的思考和革新。长期以来，外语教学研究借鉴自然科学研究的范式，侧重将研究现象浓缩为少数可测量的变量，采用数理统计方法检验变量之间的关系。而社会建构主义范式则青睐质性方法，主张进入教师的生活和情感，关注外语教师发展的个体性、情境性和社会性。当前，社会科学广泛应用的生态学理论也强调个体与环境的交互作用，生态学理论在教师教育研究中日益受到关注。

本研究总体上采用生态学理论，重点采用美国心理学家 Bronfenbrenner 的嵌套式生态系统理论对主研究中定量和质

---

① 本章节部分内容原以《外语教师发展研究的生态学视角》为题发表在《语言教育》2015 年第 4 期并收录在《外语教师教育重点问题研究》（2016 年）一书，署名彭剑娥。

# 第 4 章 总体理论构架：生态学理论

性数据作整合性解读。本章首先介绍生态学理论的缘起和主要内容，回顾语言教学研究领域的生态学取向，然后详尽介绍 Bronfenbrenner 的生态系统理论。

## 4.1 生态学理论的缘起

生态学是当今快速发展的一门学科，在自然科学和人文社会科学领域广泛应用。生态学的定义最早由德国生物学家 Ernst Haeckel（1866）提出，指研究生物与周围环境关系的总体性科学，从更广义上解释生物存在的条件（Kramsch & Steffensen, 2008）。生态学（ecology）一词出自希腊文 Oekologie，由词根"oikos"和词尾"logos"组成，分别指"房屋、居住地"和"论述、研究"，从字面本意看，生态学指"研究住所的学问"（宋改敏、陈向明，2009：51）。随后学者们开始探索从生态学的理论视角和方法研究自然科学和社会科学领域的问题，并衍生出很多交叉学科，如环境生态学、城市生态学、教育生态学等。生态学理论主张整体论，将有机体置于生存环境中进行考察，关注个体与环境的相互影响作用。生态学的整体论拓宽了社会科学研究的视角，近些年来，教育研究尤其是语言教学研究形成了生态学转向。

## 4.2 国内生态语言学研究的发展

随着社会发展以及人类对于人和自然关系的反思，不同学科的学者越来越注重从生态学的角度开展研究。国内著名学者黄国文教授引领的生态语言学研究在近几年取得了长足的发展，并在国内外产生了极大的影响力（何伟、魏榕，2017；黄国文，2016，2017a，2017b；李美霞、沈维，2017）。黄国文（2017a：2）总结了生态语言学普遍认同的3个模式：①豪根模式（Haugen，1970，1972）；②韩礼德模式（Halliday，1990，2007）；③认知模式（Stibbe，2015）。他重点分析了前2种模式，豪根模式"把语言生态学作为一种隐喻来看待，强调语言的多样性，把语言和言语社团的关系比喻为生物与自然环境的关系"（黄国文，2017b：586），研究"任何特定的语言与其环境的相互作用"（黄国文，2016：1）；而韩礼德模式则"把语言当作社会乃至整个生态系统的一个组成部分，因此要研究语言在整个生态系统中的作用"，并"特别强调语言在环境保护与环境恶化问题上的作用和影响"（黄国文，2017b：586）。李美霞和沈维（2017）梳理了域内外生态语言学从萌芽到较为成熟的研究流变，补充了另一种生态语言学研究的模式，即"生物语言模式"。这种模式把"世界上的多语言社团看作生态系统"，着重关注受到语言霸权主义影响下的"多语言社团中的少数族裔语言面临着消亡的困境"，主张"保护世界上弱势语言、少数族裔语言和濒危语言的必要性和紧迫性"（李美霞、沈维，2017：10）。

当前，生态语言学已经成为国内语言学和应用语言学的研究热点，2017年4月在北京召开了"第一届生态语言学战略发展研讨会"，与会者众，极大推动了国内生态语言学研究的发展。学者们从生态学角度出发，结合自身的研究专长，开展了在各个领域的生态语言学研究，如生态话语分析

(何伟、魏榕，2017；黄国文，2017b）和生态翻译（胡庚申，2014）等。

## 4.3 语言教学研究的生态取向

语言教学研究的生态取向与生态语言学（ecolinguistics）密不可分。生态语言学又称语言生态学（ecology of language），是语言学与生态学相结合的一门新兴学科。"语言生态"（language ecology）这一概念最早由挪威的语言学家 Einar Haugen 于 1972 年提出，在其《语言生态学》一文中，Haugen 将"语言生态"定义为"研究任何特定语言与环境之间的相互作用关系"（Haugen, 2001: 57），语言、语言使用以及社会环境是语言生态学研究的理论焦点。语言被视作有生命的有机体，有自身产生和发展的规律，并且与其他语言以及存在的环境产生相互作用。生态语言学的研究领域很广，包括"语言多样性、濒危语言、语言进化、语言习得、语言批评、语言与生态危机、语言政策、语言人权等"（范俊军，2005: 112）。

过去 20 年来，国外的二语习得和教学研究的生态学取向备受瞩目，以 Kramsch（2002）、Leather & van Dam（2003）、van Lier（2004）、Tudor（2001）等为代表的学者从不同角度主张采用生态学理论研究语言学习和发展。Kramsch（2002）认为，传统的心理语言学基于"学习者如电脑"的隐喻思维，认为语言学习只是机械地将输入变为吸收（intake），然后生成语言输出，忽视了环境的作用。相反，语言社会化（language socialization）研究领域则立足"学习者如学徒"的隐喻思维，研究学习者如何以新成员身份在特定的实践社区向专家成员学习准确、恰当地使用语言（Kramsch，2002）。Kramsch（2002）强调语言习得和语言社会化不可分割，主张使用现象学立场，以微观视角着眼于细微，呈现总体与局部、共性与个性的现象。Leather 和 van Dam（2003：13）提出语言活动的环境由社会建构并处于动态协商中，因此研究设计和数据阐释要避免不合理的标准化（normativity）。van Lier（2002）提出生态符号学理论，主张研究在交际环境中语言的突现（emergence）。van Lier 认为，在意义输出行为、对话者、物质以及环境的相互作用中，语言突现出来并成为环境的组成部分。以语言学习环境为例，van Lier（2004）指出，学习环境充满了符号资源（即意义潜势），学习者具备学能，学习者与环境的积极互动能够推进其感知和行动，促成意义建构。Tudor（2003）指出教学是复杂的人类活动，提出采用生态学视角，将语言教学视作所有参与成员的生活中不可分离的一部分。Tudor（2001）从生态学理论出发，阐述了课堂教学的动态性、学习者信念对学习态度和行为的影响，以及环境与本土学习文化对教学方法的影响，为二语教学带来极大启示。

## 4.4　Bronfenbrenner 的生态系统理论

以美国心理学家 Bronfenbrenner 为代表提出的生态学理论对教师教育研究具有重要指导意义。Bronfenbrenner 的最主要贡献是提出人类发展生态系统理论。他认为，首先，发展的个体不是被动受环境影响的"白板"，而是成长着的动

# 第4章 总体理论构架：生态学理论

态实体，不断进入并重新建构其居住的环境；其次，环境与个体互相适应，形成双向的相互作用；最后，环境不仅仅指与个体相关的当下情景，而且包含这些情景之间的关系以及更大的环境影响（Bronfenbrenner, 1979）。

Bronfenbrenner 将生态环境看作一组同心的、嵌套的系统，根据与个体的密切程度，由中心往外依次为微系统（microsystem）、中间系统（mesosystem）、外系统（exosystem）和大系统（macrosystem）。微系统指"在具有特定的物理、社会和符号特征的面对面情景中，发展中个体体验到的活动、角色和人际关系的一种模式，该情景中的这些特征邀请、允许或阻碍与个体当下环境持续、逐渐复杂的互动或活动"（Bronfenbrenner, 1993: 15）。简而言之，微系统指个体身处的当下环境以及环境中与个体直接地或面对面地交互作用的各种人或物之间的关系。微系统是个体活动和参与人际交往的直接环境，对个体的发展产生的最直接的影响。例如，外语教师所工作的学校、家庭就是其个体发展重要的微系统。

中间系统指"发展中个体积极参与的两个或多个情景之间的联系和进程"（Bronfenbrenner, 1993: 22），亦即个体的微系统之间的交互作用关系。例如，一名外语教师授课的课堂、家庭以及所在的院系团队等之间的连接就构成了中间系统，在这些系统的体验会相互作用，如果该教师在院系团队中体验到人际关系的矛盾，或者在家庭生活中经历挫折，都可能会影响他在另一微系统——课堂的教学活动。

外系统指"两个或多个情景之间的联系和进程，其中起码有一个情景不包含发展中个体，但是其中的事件对他所居住的当下环境中的进程具有间接影响"（Bronfenbrenner,

1993：24）。例如，虽然学生的家庭不包含教师，但是学生家庭所发生的事件或在家庭的体验会通过影响该名学生甚至该学生所在班级的其他同学，进而对教师的课堂教学产生间接影响。可见，有必要从发展中个体以外更大的空间和关系中探寻影响发展的原因和解决办法。

大系统指"微系统、中间系统和外系统所共有的，反映某一文化、亚文化及其他更大社会结构的总体模式，特别指总体模式所涵盖的激活发展的信念系统、资源、危险、生活方式、机会结构、生活道路选择、社会更替模式"（Bronfenbrenner，1993：5）。简而言之，大系统指广阔的意识形态，指隐含却无处不在地影响特定文化所有成员的社会蓝图。例如，我国的传统文化强调教师的权威地位，"一日为师、终身为父"等俗语所体现的文化图式无形中会影响教师的教学风格、师生关系的处理等，恪守师道尊严信念的教师可能偏好严肃拘谨的教学风格。van Lier（2004）根据Bronfenbrenner的理论，将其生态系统以图示，具体见图4.1。

Bronfenbrenner的生态系统理论此后经历了不断发展和完善，为了强调"情景"和"发展"的重要性，Bronfenbrenner（1995，2005）提出了生物生态模型（the bioecological model），将发展定义为"人类个体和群体的生物心理特征持续和变化的现象"（Bronfenbrenner & Morris，2006：793），强调发展的条件是个体与当下环境的人、物及符号之间持续、有规律的交互作用（称作最近过程），并且纳入时间系统（chronosystem），考察各个系统随着时间变化而发生的变化。生物生态模型将发展定位在整个生命历程及世代繁衍的时空，主张研究设计包含过程、个体、情景和时间四大

# 第 4 章

总体理论构架：生态学理论

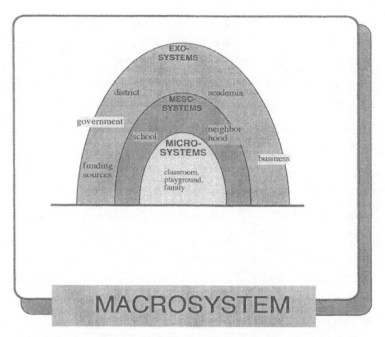

图 4.1　Bronfenbrenner 的嵌套式生态系统（van Lier, 2004: 209）

要素以及它们的交互作用，从而在理论上更加完善。由于本课题研究不涉及历时性设计，因此采用 Bronfenbrenner 的生态系统中的微系统、中间系统、外系统和大系统作为理论框架，而不将时间系统纳入研究范畴。

## 4.5　Bronfenbrenner 的生态系统理论在教师研究中的应用

在教育学领域，教师发展的生态研究日渐成为焦点。宋

49

改敏和陈向明（2009）总结了教师专业成长研究的3种观点：一是理智取向，强调科学知识和知识基础对专业发展的重要性；二是实践—反思型取向，强调教师在实践中反思的重要性；三是生态学取向，将教师"置于成长的时空构架中去看待教师的专业成长"（宋改敏、陈向明，2009：51）。朱伟和王跃平（2012）认为生态取向的教师专业发展是"教师在教育的背景中，不断地与其生长的社群进行信息传递、技能交流、智慧碰撞和文化构建的过程"（朱伟、王跃平，2012：24），并进而提出生态取向的教师专业发展途径：以名家领航为导向、以教研组为基地、以名师工作室为依托、以高校引领为特点。

  生态理论视域下的教师发展研究处于起始阶段，采用Bronfenbrenner的生态系统理论的实证研究成果在外语教师发展领域较少，较多见于其他学科教师发展的文献。Cross和Hong（2012）对2名小学教师的情感状况进行了历时3年的个案研究，这2名教师任教于美国中西部社会经济状况相对落后的某区域的一所小学，学生主要为非裔美国人。研究以Bronfenbrenner的生态系统为框架，将教师与学生、家长、同事以及校长的互动关系界定为微系统，学生与家长之间、同事与校长之间的互动关系视作中间系统，资源匮乏、高文盲率和失业率的区域境况视作外系统，而历史文化背景、政策变化、贫穷与高失业率等大背景因素构成大系统。通过访谈、课堂观察、电子邮件通信以及研究者备忘录等方法，收集质性数据。研究发现，在微系统中，这2名教师与学生建立良好关系，从学生的背景出发，理解学生的问题行为，关注他们的需求；面对家长打扰课堂、不支持孩子学习

## 第 4 章  总体理论构架：生态学理论

的情况，他们寻求与家长的积极互动；面对其他同事对教学的漠视，他们结成团队、互相帮助，并寻求校长的帮助。研究者从历史角度分析，奴隶制历史残留的烙印之一就是白人政策制定者无视这些社区居民的生活状况。研究发现，尽管任教的社区环境不理想，这 2 名教师也并未沉浸在不快的情感中，而是将注意力放在追求良好教学成果上，说明了教学应对策略与教师心理尤其是教学信念和职业身份认同有密切关系。

Hwang（2014）基于 Bronfenbrenner 的生态系统理论，研究各种生态系统因素对韩国教师职业发展的影响。她依照从微系统到大系统的层次，分析了教师课程、学校环境、政策和社会环境以及国际环境对教师职业发展的影响。Hwang（2014）使用了混合方法，研究教师的生态环境如何影响着韩国教师尤其是小学教师关于自身职业发展的忧虑和需求。Hwang 采用了 2 阶段探索性序贯设计（two-phase, exploratory sequential design）：在第一阶段，对 21 名教师分别进行访谈，每次访谈约 1 个小时，访谈内容包括他们的背景信息、对职业发展的忧虑、职业发展机会以及环境影响等。在第二阶段，Hwang 根据质性结果设计调查问卷，问卷内容包括教师的背景信息，参加会议、研讨会和工作坊的情况，个人忧虑和需求，职业发展方式，与学生和同事的关系，学校、政治社会和全球环境因素等，并将问卷以电子邮件方式发给国内 13 所小学教育机构的所有在编教师，共发出 823 份问卷，回收 164 份，然后对问卷数据进行频数分析。Hwang 发现，参加研究者最大的忧虑包括学术研究压力、缺乏研究助手、缺乏好的科研环境及时间等，这些忧虑既与学校环境密切相关，也受政策和社会环境（如，全国教师从业考试对教学的影响，同僚、学生、学生家长、校长参与教师评价所带来的压力等）以及国际环境的影响（如，英语的重要性、基于业绩的薪酬激励机制的实施等）。

除学校外，其他环境如家庭，也对教师发展产生影响。Brannan 和 Bleistein（2012）采用定量和质性方法，研究社会支持与新入职教师的效能感的关系。通过对问卷数据的分析，他们发现来自家庭的支持能够显著预测教师在教学策略和课堂管理方面的效能感，而定性访谈数据显示，这些新入职教师希望在工作实务和情感方面得到导师、同僚、家庭等的社会支持。实务方面如教学理念、课程计划、课堂管理等，情感方面包括倾听、鼓励、友谊、经验分享等。可见，课堂以外的因素对教师的课堂教学效能感具有影响作用。

国内的教师研究中，宋改敏（2011）较为详尽地应用了Bronfenbrenner 的人类发展生态学理论。该研究采用质性方法，以参与由北京市 S 小学发起的"学习和发展共同体"（Learning and Development Community，LDC）项目的四所学校的教师和教辅人员为研究对象，研究教师专业成长的生态环境。研究基于 Bronfenbrenner 的生态系统，确立教师发展的学习生态圈：小系统（即微系统）指"教师作为发展的人所处的环境"（宋改敏，2011：21）；中间系统包括 LDC 环境，教师和领导、教师和教师、学生和教师、家长和教师之间的关系，以及校长的环境（宋改敏，2011：22）；外系统由来自加拿大、澳大利亚以及国内专家所组成的专家研究团队以及 LDC 其他教师构成；大系统则指"由国家教育政策、社会习俗和价值观所形成的信念或意识系统构成的环

## 第 4 章 总体理论构架：生态学理论

境"（宋改敏，2011：22）。

研究者主要采用实地访谈法、小组座谈法、观察法、文献法等方法，兼用随机谈话、偶然观察等非正式的资料收集方法。在资料分析过程中，采用扎根理论（grounded theory）的原理，不预设任何观点，使用类属分析和情景分析相结合的方法，类属分析指"对资料进行归类，形成叙事和分析的主题，之后对相关的故事进行情景分析"（宋改敏，2011：28）。在汇报结果时，作者从外往内如剥洋葱般层层剖析各个生态系统的要素，采用叙事的视角，对教师的专业成长和各系统环境之间的关系进行深描。

该研究的主要发现包括：①在大系统层面，世界范围内对教师教育理念的关注、国内新课改的理念、教师对自身专业化发展的需求以及"民主、开放、合作的当代社会意识"（宋改敏，2011：40）构成了教师专业发展的大系统。大系统对教师专业成长起着外力推动作用。②外系统有着丰富的专家资源和专业优势，为教师专业发展提供了平台，其中，专家团队对教师的教学观念和教学行为起到很大的影响作用，激发教师成为研究者。③中间系统是教师成长的关系系统，LDC作为教师学习和发展共同体，以促进教师研究为宗旨，为教师创设了"家"一般的专业生存和发展的环境，促进教师交流，实现着"教师相互'偷窃知识'和教师知识管理的共同体职能"（宋改敏，2011：75）。同时，领导、学生、家长和教师之间形成的合作文化氛围对教师专业成长产生重要影响。④小系统最接近心理学意义，这一系统中教师的职业认同、幸福感以及教研能力得到了深入刻画。研究发现，教师在参与LDC的行动研究中，随着幸福感的体验和教研能力的提高，其职业认同发生了根本变化，实现了教师由"教书匠"到"研究者"的生态位转变。宋改敏的研究较系统地应用了 Bronfenbrenner 的生态系统理论，将影响教师专业成长的社会大环境、意识形态以及教师的个体心理历程纳入有机的生态系统，以叙事的笔触描画出教师鲜活的专业成长轨迹。诚然，如果以上研究能同时描述教师对生态环境的影响作用，则更切合生态学的理论主张。

生态学理论也受到国内外语教师教育研究的重视，但是目前很多文献着眼于理论研究，重要的实证成果不多。戴炜栋和王雪梅（2011）提出在信息化环境下，外语教师的专业发展应该包含信息与通信技术素养、网络教育叙事研究能力、网络元评价能力，并且参照 Bronfenbrenner 的生态系统框架，提出了外语教师专业发展的网络生态环境系统，为研究外语教师专业发展作出理论探讨。

顾佩娅等（2017）对中国高校英语教师专业发展环境进行了大型研究，取得较新成果。他们的研究也采用生态学视角，结合 Bronfenbrenner 的生态系统理论，参照 Barkhuizen（2008）的研究，采用叙事调查方式，将影响高校英语教师发展的环境结构凝缩成 3 个核心的层级：个人环境、学校环境和社会文化环境。他们的研究发现，影响英语教师专业发展的 3 层环境因素分别是：①个人环境，包括教师的内在信念、情感体验、人际交互；②学校环境，包括行政化倾向、专业支持、评价体系；③社会文化环境，包括教育体制、传统文化、家庭责任、功利化导向等（顾佩娅等，2014）。目前，关于高校外语教师学术研究与发表这一特定话题的研究，尚未见采用 Bronfenbrenner 的生态学理论的文献。

## 第 4 章　总体理论构架：生态学理论

值得一提的是，生态学理论本身并不预设研究方法，应当根据研究内容、研究问题、研究对象、数据来源等因素选择合理的方法，不必拘泥于定量或质性方法之争。生态语言学的学者倡导以整体观研究语言和语言使用的环境因素，关注多样性，揭示特殊性而不是普遍性，因此使用质性、历时数据（Kramsch & Steffensen，2008：18）。吴宗杰（2008）提出教师发展研究应该摒弃自然科学通用的实证主义方法，转向以下的研究范式：关于教师生活的叙述研究，关于教师发展环境的话语研究，关于教师知识的现象学与民族志研究、探索型实践与行动研究。这些范式与社会文化理论、语言生态学理论相一致。

以 Bronfenbrenner 为代表的心理学家则强调在研究设计上考虑过程、个体、情景和时间要素，而不否定定量方法。在 Bronfenbrenner 的很多著作中，用作例子的研究大多使用定量方法。如，Drillien（1957，转引自 Bronfenbrenner & Morris，2006）在为期 7 年的关于儿童心理发展的研究中，在婴孩 2 岁、3 岁、4 岁时分别测量了母婴互动过程、社会阶层以及婴儿的行为问题，以检验这些因素及婴儿出生体重对儿童行为的影响。母婴互动过程主要体现在母亲对婴儿行为或状态变化的反应，通过驻家观察和访谈来测量，社会阶层则根据父母收入、受教育程度以及社区的社会经济水平测量，行为问题则以过度活跃、过分依赖、胆怯、消极等行为特征出现的频率来测量。Bronfenbrenner 和 Morris（2006：800）以柱状图的形式呈现 Drillien 的研究数据（见图 4.2），清楚展示了这些因素之间的关系。可见，定量方法也适用于生态理论视角的研究。

此外，近些年来，社会科学领域兴起的混合方法也同样适用。Dörnyei（2007）主张采用实用主义的哲学观，将定量与质性的范式之争转向选择最适合研究问题的方法。因此，研究设计应当遵循生态学的理论主旨，根据研究问题确定方法。例如，如果将教师发展置于一系列嵌套的生态系统进行研究，课堂就可以是微系统。在这微系统中，可以采用心理测量进行定量研究，检验教师信念、教师动机与教师自我效能感等心理因素变量之间的关系。如果要深入教师的内心世界及其与其他生态因子的互动关系，则可采用质性方法，获取更多细致、丰富的数据。

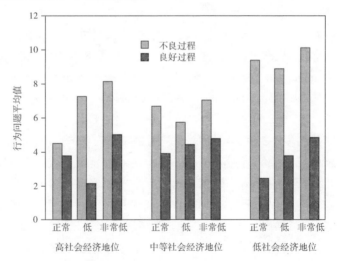

正常　　= 正常出生体重
低　　　= 出生体重介于正常和5.5磅之间
非常低　= 出生体重为5.5磅或以下

**图 4.2　母亲反应、出生体重、社会阶层对婴孩问题行为的影响**
（译自 Bronfenbrenner & Morris, 2006: 800）

## 4.6 生态学理论在本研究的适切性

生态学理论强调个体与环境的互联性（interconnectedness）、互依性（interdependence）、互动性（interaction）（Kramsch & Steffensen, 2008），生态系统中各个因子交互作用，影响生物体的发展。生态学的理论视角对本课题研究具有较大适切性。首先，外语教师本身就是发展着的个体，他们在职业生涯中需要在外语知识、学科专业知识、教学能力等各方面不断提升，需要在专业领域上不断进行科研探索并将科研成果转化为学术论文或专著。他们同时需要在课堂、学校、学术圈等各个环境中与同事、同行等交流互动，因此，外语教师是沿着明确的专业技术道路不断发展的个体。其次，从生态系统的角度剖析外语教师的科研动机和影响其学术论文发表的因素，能够更全面地展示促进及制约教师科研发展的图景。在微系统层面，职场上外语教师普遍教学任务繁重，教学压力大，在院系团队、家庭生活的微系统中外语教师也分别扮演着不同的角色。因此，作为鲜活的"人"，外语教师的科研工作和论文发表与他们在各个微系统的体验息息相关。在中间系统层面，外语教师在各个微系统的活动和体验或相互促进，或相互制约，最终影响其发展轨迹。在外系统层面，尽管没有直接参与，但是系统中各种因素，如学校对外语教师的教学科研政策、期刊审稿人和主编等都会对外语教师的学术研究和成果发表产生影响。最后，大系统层面上，国家的大方针政策、社会价值观等都会对外语教师的科研动机、科研产出等产生影响。简而言之，外语教师的专业发展扎根于生活环境，他们与各个生态环境系统进行着复杂的交互作用。采用生态学理论，能够获取更深入、科学的研究成果。

高校外语教师的科研发展日益受到关注，但是迄今未见有研究者对其国际学术论文发表的现状进行全面调查，对影响因素的探讨多以思辨为主，实证研究不多，分析相对零散，缺乏高屋建瓴的理论指导。Bronfenbrenner（1979，1993）的生态系统理论强调将发展中的个体放在立体的时空维度，深入考察个体与环境的相互依存关系及其对个体发展的影响。显然，外语教师的专业发展受教育经历、家庭、职业平台、学术共同体、学校政策、社会文化图式等诸多因素的影响，这些因素的影响作用并非简单的线性叠加，而涉及因素之间复杂的交互作用，外语教师正是在这些因素或生态因子交织的"网"中不断建构个体身份，沿着各自的轨迹实现专业发展。采用生态学理论开展实证研究，对了解我国外语教师群体成长与发展所面临的机遇和挑战，为外语教师专业发展构建良性、积极的生态环境从而提升外语教学质量和成效，具有重要启发意义。

## 4.7 小结

本章对生态学理论的缘起、近几年生态学在我国语言学学科的兴起、语言教学的生态转向等做了介绍。进而对美国心理学家 Bronfenbrenner（1979，1993）的人类发展生态系统及其在教师发展研究领域的应用做了详细介绍，并提出生态学理论在本研究的适切性。本报告第 3 部分将详细汇报第 2、3 阶段的问卷调查和质性访谈的研究结果。

# 第3部分

# 主研究：问卷调查与访谈

# 第 5 章　问卷调查：高校外语教师的科研动机与国际学术论文发表[①]

本章汇报主研究中在高校外语教师中开展的大型问卷调查的研究结果。第一，介绍研究方法、调查对象、研究工具以及数据收集过程和数据分析方法；第二，汇报问卷各项内容的分析结果，对我国高校外语教师的科研活动、科研观念与态度、科研动机、科研产出等方面在广度和深度上进行详尽分析。

## 5.1　研究方法

### 5.1.1　研究问题

通过问卷调查拟回答的研究问题如下：

（1）参加调查的高校外语教师每周的教学工作量如何？

（2）参加调查的高校外语教师每周有多少时间用于科研

---

[①]　本章部分内容原以"Understanding TEFL academics' research motivation and its relations with research productivity"为题发表在 *Sage Open* 2019 年第 9 卷第 3 期，署名 Jian-E Peng & Xuesong (Andy) Gao。

# 第 5 章 问卷调查：高校外语教师的科研动机与国际学术论文发表

研读、著述？

（3）参加调查的高校外语教师的科研现状如何？其科研状况是否受人口统计学特征（包括性别、所属高校特征、年龄、学历、职称等）的影响？

（4）参加调查的高校外语教师就科研对教学的作用的看法如何？

（5）参加调查的高校外语教师的科研动机水平如何？其科研动机是否受人口统计学特征（包括性别、所属高校特征、年龄、学历、职称等）的影响？

（6）科研动机与学术论文发表的关系如何？

（7）影响国际学术论文发表的主要因素是什么？这些因素与学术论文发表的关系如何？

（8）参加调查的高校外语教师对高校激励教师在国际学术期刊发表论文方面有何建议和意见？

## 5.1.2 参与对象

本研究对象为我国高校外语教师，最终收集到有效问卷309份，来自全国79座城市的高校外语教师。为了消除调查对象对于隐私的顾虑，问卷采用匿名编写，参与调查的教师无需填写所在高校名字，教师的具体信息如表5.1—5.4所示。

表5.1 参与教师的性别和年龄

|  | 频数（次） | 百分比（%） |
| --- | --- | --- |
| 性别 | | |
| 男性 | 73 | 23.6 |
| 女性 | 236 | 76.4 |
| 年龄 | | |
| 20～29岁 | 24 | 7.8 |
| 30～39岁 | 165 | 53.4 |
| 40～49岁 | 94 | 30.4 |
| 50～59岁 | 23 | 7.4 |
| 60岁及以上 | 3 | 1 |

表5.2 参与教师的最高学历和学习经历

|  | 频数（次） | 百分比（%） |
| --- | --- | --- |
| 最高学历 | | |
| 本科 | 24 | 7.8 |
| 硕士研究生 | 194 | 62.8 |
| 博士研究生 | 91 | 29.4 |
| 学习经历（多选） | | |
| 中国境内高校博士学历 | 79 | 25.6 |
| 中国境内高校硕士学历 | 209 | 67.6 |
| 境外高校博士学历 | 16 | 5.2 |
| 境外高校硕士学历 | 27 | 8.7 |
| 境外高校访问学者1年或以上 | 42 | 13.6 |
| 境外高校访问学者1年以下 | 34 | 11 |

表 5.3 参与教师任教大学所在的区域、城市及学校类型

| | 频数（次） | 百分比（%） |
|---|---|---|
| **所在区域及城市** | | |
| 华北（北京、沧州、长春、长治、大连、大同、哈尔滨、邯郸、兰州、廊坊、临汾、秦皇岛、沈阳、石家庄、太原、唐山、天津、延边） | 122 | 39.5 |
| 华东（杭州、合肥、济南、景德镇、连云港、临沂、六安、南京、宁波、青岛、衢州、上海、苏州、宿州、泰安、芜湖、徐州、烟台） | 74 | 23.9 |
| 华南（东莞、福州、广州、桂林、海口、梅州、莆田、琼海、泉州、汕头、韶关、深圳、厦门、湛江、漳州、珠海） | 41 | 13.3 |
| 华西（成都、重庆、达州、咸阳、汉中、晋中、南充、石嘴山、西安、延安、自贡） | 27 | 8.7 |
| 华中（长沙、郴州、衡水、黄石、荆州、开封、南昌、南阳、平顶山、武汉、咸宁、湘西、新乡、宜昌、岳阳、郑州） | 45 | 14.6 |
| **学校类型** | | |
| "985工程"重点建设大学 | 48 | 15.5 |
| "211工程"重点建设大学 | 62 | 20.1 |
| 省重点建设高校 | 61 | 19.7 |
| 其他普通高校 | 138 | 44.7 |

表 5.4 参与教师的职称和研究方向

|  | 频数（次） | 百分比（%） |
| --- | --- | --- |
| 职称 | | |
| 助教 | 18 | 5.8 |
| 讲师 | 153 | 49.5 |
| 副教授 | 113 | 36.6 |
| 教授 | 22 | 7.1 |
| 其他 | 3 | 1 |
| 研究方向（多选） | | |
| 文学 | 52 | 16.8 |
| 文化 | 52 | 16.8 |
| 翻译 | 68 | 22 |
| 语言学 | 165 | 53.4 |
| 教育教学 | 159 | 51.5 |
| 其他 | 24 | 7.8 |

### 5.1.3 研究工具

本调查问卷主要参考了谢玉华等（2014）关于高校教师科研动机的问卷以及吴一安等（2007）关于高校英语教师发展的问卷的内容。本研究问卷主要包括以下 5 个方面：①参与教师的人口统计特征，如性别、年龄段、所属高校的城市、教育背景、研究方向、教学工作量等。②在国内外各级别期刊发表的论文篇数、出版的专著及教材数量以及主持的

## 第 5 章 问卷调查：高校外语教师的科研动机与国际学术论文发表

科研课题类型和数量等。③调查对象对科研的看法、科研动机水平。④影响国际学术论文发表的因素量表。⑤最后一道开放题，邀请调查对象填写所在学校对教师在国际学术期刊发表论文的激励政策，及他们关于如何激励教师在国际学术期刊发表论文的建议和意见等。调查问卷内容详见附件一。

问卷中测量科研动机的量表基于谢玉华等（2014）的研究工具修改而成，谢玉华等的研究立足于内部动机和外部动机的理论框架，与本研究所采用的动机理论一致。其量表参考了 Amabile 等（1994）的动机研究成果——工作偏好量表，共有 29 个题项，其中测量外部因素的有 15 个题项，测量内部因素的有 14 个题项。考虑到项目过多可能会影响教师参与的积极性，而且谢玉华等的研究以高校教师为对象，为了更适合本研究中高校外语教师这一特定研究对象，对部分量表项目作了修改或删除。如，原问卷中"我发表文章主要是为将来获得各种荣誉奠定基础，比如：先进称号、人才奖等""我从事科研工作是因为我想转成正式员工""我知道多发表文章对我将来长期留在这个单位有很大帮助""我做科研是因为我想得到学生的尊敬和仰慕"等 4 个项目描述了一些特例，不大符合本研究的普遍情况，因此予以删除。修改后的科研动机量表包含 25 个题项。

调查国际学术论文发表影响因素的量表同样基于谢玉华等（2014）的问卷以及相关质性研究的结果（Feng et al., 2013; Flowerdew, 1999; Shi et al., 2005）编制而成，主要测量调查对象对自身学术英语能力的评价（如"我缺乏撰写英文论文的经验"）、关于学术论文发表的机构文化（如"我的院系同事很少在国际学术期刊发表论文"）和社会资源

(如"我缺乏可利用的国际文献资源")等的看法。该量表共有 15 个题项。科研动机和国际学术论文发表影响因素均设计为李克特五点量表,从"1 = 完全不同意"到"5 = 完全同意",得分越高,表明对问卷题项的认同度越高。

### 5.1.4 数据收集与分析

问卷调查主要在 2015 年 11 月至 2016 年 5 月进行。通过专业问卷调查平台"问卷星"进行,同时也生成了手机版的问卷,以方便调查对象作答,回答问卷需时约 10 分钟。本研究得到外语教学与研究出版社主办的"外语学术科研网"(http://iresearch.unipus.cn)的大力支持,在该专业网站上发布了问卷,并在全国性的外语学科专业教师微信社交平台上发布问卷;同时,本研究项目负责人所在的科研管理部门也协助邀请兄弟院校的外语教师参与调查。不过,为了避免来自网络上不可知对象的随意或不负责任的作答,问卷在"问卷星"的"公开级别"设定为"不公开"(防止被搜索引擎检索),以确保问卷不会被搜索引擎检索到。

调查结束后,收集到有效问卷 309 份。根据研究问题,对问卷的不同题项分别采用不同方法进行分析。首先对问卷相关题项进行频数和百分比的统计,以回答第 1—4 个研究问题。其中,为了回答第 3 个问题,根据人口统计学特征指标的属性,进行 Mann-Whitney $U$ 检验和 Kruskal-Wallis $H$ 检验,以检验人口统计学特征指标对调查对象科研状况的影响。针对第 5 个研究问题,首先进行探索性因子分析,以确定测量科研动机量表的因子结构。然后就科研动机的各个维度进行描述统计和频数分析,以检测调查对象的科研动机水平。接着根据人口统计学特征指标的属性，进行独立样本 $t$ 检验和方差分析，以检验人口统计学特征指标对科研动机的影响。

关于第 6 个问题，使用回归分析，将上述分析出的科研动机因子作为自变量，参与教师在实行同行评审（peer refereed）的国际期刊发表论文的数量以及国内 CSSCI 期刊论文数量分别作为因变量，以探讨科研动机与论文发表的关系，为了控制人口统计学特征的作用，也将人口统计学特征作为自变量放入回归模型。由于因变量为非负值计数变量，应该使用泊松回归分析（Faraway, 2016）。然而，由于数据不满足没有过度离散（overdispersion）的前提条件（Kabacoff, 2015），需要采用负二项回归分析。此外，由于因变量存在大量 0 值（见 5.2.4 小节），最后采用零膨胀负二项回归分析（Kabacoff, 2015）。在本研究中，零膨胀负二项回归分析可以理解为同时检验 2 个模型：①逻辑回归模型，预测零事件的发生，亦即本研究中预测国际期刊论文数量和国内 CSSCI 期刊论文数量为 0 的因素；②负二项回归模型，预测计数事件的发生，亦即显著预测论文数量的因素（Faraway, 2016）。分析使用开源统计软件 R 3.5.0（R Core Team, 2018），并调用分析包 pscl（Zeileis, Kleiber & Jackman, 2008）。

针对第 7 个研究问题，首先对国际学术论文发表影响因素量表进行探索性因子分析，以确定量表测量的维度，接着对题项进行频数分析，最后采用上述零膨胀负二项回归分析，检验在控制了人口统计学特征后这些影响因素与论文发表的关系。对第 8 个问题的回答，则通过质性内容分析、主题提取和频数统计等方法，以分析参与对象关于问卷最后一道开放题的主要看法。

## 5.2 研究结果

### 5.2.1 每周的授课时数和用于科研研读、著述的时间

现有文献大多指出,由于英语教育的重要性以及高校普遍扩招,相比其他专业的教师,高校外语教师的教学工作量大,用于科研的时间相对减少。因此,本研究在参考前人文献的基础上,调查了参与教师的教学工作量情况,结果如表5.5所示。

表5.5 参与教师每周的授课时数和科研研读、著述的时间

|  | 频率 | 百分比 |
| --- | --- | --- |
| 每周授课时数 | | |
| 8节以下 | 41 | 13.3 |
| 8～12节 | 177 | 57.3 |
| 13～18节 | 73 | 23.6 |
| 18节以上 | 18 | 5.8 |
| 每周科研研读、著述的时间 | | |
| 1小时以下 | 77 | 24.9 |
| 1～3小时 | 104 | 33.7 |
| 4～6小时 | 47 | 15.2 |
| 7～8小时 | 32 | 10.4 |
| 8小时以上 | 49 | 15.9 |

从表 5.5 可见，超过半数的调查对象（57.3%）每周的授课时数在 8～12 节，而约 29.4% 的教师周授课时间为 13 节以上，教学工作量较重。相对之下，58.6% 的外语教师每周用于科研研读、著述的时间为 3 小时以下，只有 26.3% 的教师每周科研阅读和写作时间为 7 小时以上，也即平均每天 1 小时以上。众所周知，从事科研以及写作需要耗费大量精力和时间进行文献检索、阅读，并需要持之以恒地写作，从上述结果看来，高校外语教师的教学工作量的确较重，而用于科研活动的时间尤为不足。

### 5.2.2 科研情况

#### 5.2.2.1 参与教师发表的论文、专著、教材

参与教师以第一作者身份发表过的论文情况见表 5.6。从表 5.6 可见，调查对象在国际两大检索 SSCI 和 A&HCI 收录期刊上发表的论文仅有 73 篇，在同行评议的其他国际期刊发表的论文 99 篇，总体上看，数量偏少，平均为每人 0.56 篇。相对来说，在国内 CSSCI 期刊上发表的论文较多，有 497 篇，平均每人 1.61 篇。国内其他期刊发表的论文数量最多，达到 2248 篇。此外，参与教师出版的教材数量远远超过学术专著，可见他们在教学领域的成果超过其科研成果。总体上看，表 5.6 的数据说明，参与教师发表的国际期刊论文远远少于国内期刊论文，以教材为代表的教学成果远远大于其科研产出。

表 5.6 参与教师以第一作者发表的论文、专著和教材情况

|  | 频数 |
|---|---|
| 国际索引 SSCI 收录的论文 | 40 |
| 国际索引 A&HCI 收录的论文 | 33 |
| 经过同行评议的其他国际期刊论文 | 99 |
| 国内 CSSCI 收录的论文 | 497 |
| 国内其他期刊上发表的论文 | 2248 |
| 国外出版社出版的学术专著 | 9 |
| 国外出版社出版的教材 | 15 |
| 国内出版社出版的学术专著 | 97 |
| 国内出版社出版的教材 | 356 |

#### 5.2.2.2 参与教师主持的课题

表 5.7 显示了参与教师主持的课题情况。从该表数据看，只有一位教师主持过 1 项国际基金课题，调查对象共主持过 22 项国家基金课题，45 项教育部课题。虽然相对于省市级基金课题（271 项）及其他基金课题（497 项），参与教师主持的国家基金和教育部课题的数量不算大，但鉴于每年国家社科基金及教育部课题的竞争性大，较难获得成功立项，可以认为，相对于科研论文的产出，表 5.7 所显示的调查对象主持的课题数量和级别较为理想。

表 5.7 参与教师主持的课题情况

| 主持的课题 | 频数 |
| --- | --- |
| 国际基金课题 | 1 |
| 国家基金课题 | 22 |
| 教育部课题 | 45 |
| 省市级基金课题 | 271 |
| 其他基金课题 | 497 |

### 5.2.2.3 人口统计学特征对科研情况的影响

为了进一步分析科研情况在人口统计学特征指标方面是否存在显著性差异，将参与教师的科研情况按照性别、所属高校（是否来自"211/985"高校）进行 Mann-Whitney $U$ 检验，按年龄、学历、专业技术职称等进行 Kruskal-Wallis $H$ 检验，具体结果如表 5.8 所示。

从表 5.8 可见，男性外语教师发表的 CSSCI 论文数量和主持的国家社科基金和教育部课题数量均显著高于女性外语教师，其他方面的科研情况则没有显著差异，这一结果表明，在国内高等级期刊和高级别课题立项方面，男性外语教师均优于女性教师，但是在国际学术期刊发表方面，则不存在显著差异。

从高校外语教师所属学校的性质看，"211/985"高校的外语教师在国际学术期刊、国内 CSSCI 期刊、教材专著、国家社科和教育部课题等方面的科研情况均显著优于其他类型高校的外语教师。然而，一个有趣的现象是，"211/985"高校的教师在国内非 CSSCI 期刊所发表的论文显著少于其他类型高校的教师，这一现象似乎说明，基于学术发表的压力，非"211/985"高校的教师在国内高级别期刊发表论文方面相对处于劣势，因此只能更多地在非 CSSCI 期刊上发表论文。

在年龄方面，Kruskal-Wallis $H$ 检验显示，在 CSSCI 论文、国内其他期刊论文、专著教材、主持的其他课题等方面不同年龄层均存在显著性差异。使用 Mann-Whitney $U$ 进行事后组间多重检验并基于 Bonferroni 修正后的概率水平（0.05/4＝0.0125）（秦晓晴、毕劲，2015：345）结果显示，在上述几个方面，20～29 岁的外语教师显著少于其他 3 个年龄段。此外，在专著教材方面，30～39 岁显著少于 40～49 岁，40～49 岁显著少于 50 岁及以上；在 CSSCI 论文方面，30～39 岁显著少于 50 岁及以上。这一结果可以理解，因为处在 30～49 岁这一阶段的外语教师其认知相对成熟，知识积累充足，是创造力旺盛的黄金时间，50 岁及以上的教师教龄相对长，在 CSSCI 期刊发表的论文累计数量会多，而处在 20～29 阶段的年轻教师，尚需要时间的打磨和努力，因此科研成果会相对较少。然而，在国际学术期刊论文和高级别课题方面，不同年龄段的参与教师则不存在显著差异，这可能由于新成长起来的年轻一代教师大多具有高学历或者海内外访学进修等经历，因此在国际学术发表和课题立项（前者通常是后者的前期成果）方面，年龄大的教师并不具有显著性优势。

第 5 章 问卷调查：高校外语教师的科研动机与国际学术论文发表

表 5.8 参与教师科研情况 Mann-Whitney U 和 Kruskal-Wallis H 检验结果（平均秩次）

| | | SSCI、A&HCI 论文 | 其他同行评议国际期刊论文 | CSSCI 论文 | 国内其他期刊论文 | 专著与教材 | 国家基金课题与教育部课题 | 其他课题 |
|---|---|---|---|---|---|---|---|---|
| 性别 | 男 | 162.25 | 162.4 | 173.61 | 168.87 | 162.18 | 166.78 | 167.01 |
| | 女 | 152.76 | 152.71 | 149.24 | 150.04 | 152.78 | 150.69 | 147.32 |
| | Sig. | .09 | .17 | .02* | .11 | .40 | .00** | .09 |
| 是否来自"211/985"高校 | 是 | 164.47 | 169.29 | 187.60 | 139.34 | 173.61 | 163.32 | 152.74 |
| | 否 | 149.76 | 147.11 | 136.98 | 162.92 | 144.71 | 149.67 | 151.59 |
| | Sig. | .00** | .00** | .00** | .03* | .00** | .00** | .91 |
| 年龄 | 20~29 岁 | 148.06 | 132.50 | 103.15 | 61.02 | 85.96 | 142.50 | 59.88 |
| | 30~39 岁 | 151.36 | 158.13 | 146.38 | 150.91 | 139.74 | 152.76 | 154.63 |
| | 40~49 岁 | 154.68 | 150.97 | 171.57 | 173.27 | 175.01 | 153.82 | 158.40 |
| | 50 岁及以上 | 169.72 | 152.57 | 183.24 | 181.04 | 234.78 | 162.33 | 184.54 |
| | Sig. | .20 | .15 | .00** | .00** | .00** | .37 | .00** |

续表 5.8

| | | SSCI, A & HCI 论文 | 其他同行评议国际期刊论文 | CSSCI 论文 | 国内其他期刊论文 | 专著与教材 | 国家基金课题与教育部课题 | 其他课题 |
|---|---|---|---|---|---|---|---|---|
| 学历 | 本科 | 143.00 | 134.00 | 102.21 | 108.81 | 130.10 | 143.50 | 101.15 |
| | 硕士 | 145.30 | 144.85 | 127.37 | 154.43 | 145.56 | 145.09 | 143.84 |
| | 博士 | 178.84 | 182.17 | 227.84 | 166.70 | 181.69 | 177.36 | 182.71 |
| | Sig. | .00** | .00** | .00** | .02* | .00** | .00** | .00** |
| 职称[a] | 助教 | 141.50 | 132.50 | 89.00 | 44.58 | 77.00 | 142.00 | 47.28 |
| | 讲师 | 147.39 | 144.05 | 114.86 | 126.24 | 123.24 | 144.00 | 119.36 |
| | 副教授 | 157.83 | 169.35 | 200.39 | 186.18 | 190.20 | 159.58 | 190.00 |
| | 教授 | 183.59 | 155.00 | 234.18 | 256.18 | 238.05 | 190.36 | 246.59 |
| | Sig. | .00** | .00** | .00** | .00** | .00** | .00** | .00** |

[a] 职称的统计基于 306 份问卷数据，因为其中 3 份问卷职称选择了 5（其他），因此对职称 Kruskal-Wallis $H$ 检验时剔除了这 3 份数据。

*$p<0.05$, **$p<0.01$

问卷调查：高校外语教师的科研动机与国际学术论文发表　　第 5 章

　　与年龄的作用不一样，学历对上述统计的各项科研情况均具有显著性影响。Mann-Whitney $U$ 进行事后组间多重检（Bonferroni 修正后的 $\alpha$：$0.05/3 = 0.0167$）显示，博士研究生在 SSCI 和 A&HCI 期刊、其他国际期刊和 CSSCI 期刊发表的论文均显著多于硕士研究生和本科生；在国内其他期刊方面，博士研究生的论文显著多于本科生；在专著教材方面，博士研究生显著优于硕士研究生和本科生；同样，国家社科和教育部课题方面，博士研究生显著优于硕士研究生和本科生；在其他课题方面，显著差异来源于硕士研究生和本科生。总的说来，博士研究生在所有方面均呈现极大优势，尽管在国内其他期刊和其他课题方面，硕士研究生和博士研究生没有显著差异。总的看来，在高水平国内外期刊发表论文以及高级别课题立项方面，具有博士研究学历的教师处于优势地位。

　　职称对科研情况的影响作用与学历相似，从表 5.8 可见，职称对各种科研情况均有显著性影响，高职称均优于低职称。Mann-Whitney $U$ 进行事后组间多重检验（Bonferroni 修正后的 $\alpha$：$0.05/4 = 0.0125$）显示，讲师和教授在 SSCI 和 A&HCI 论文方面有显著差异；讲师与副教授在其他国际期刊论文方面有显著差异；CSSCI 期刊论文方面，教授、副教授与助教有显著差异，教授、副教授与讲师也有显著性差异；国内其他期刊论文以及专著教材方面，助教与其他 3 个职称之间、讲师与副教授和教授之间、副教授与教授之间均存在显著性差异；国家基金和教育部课题的立项方面，助教和教授、讲师和副教授、教授之间存在显著差异；其他课题立项方面，助教与其他 3 个职称，讲师与副教授和教授，副教授和教授之间均存在显著性差异。总的说来，比起讲师和助教，副教授和教授的科研成果更为丰硕。

### 5.2.3 科研对教学的作用

问卷的第 14 项调查教师对科研对高校外语教师教学所起作用的看法，此项为多选题，结果如表 5.9 所示。

**表 5.9 参与教师对科研对高校外语教师教学所起作用的看法**

| 看法 | 频率 | 百分比 |
| --- | --- | --- |
| 基本没作用 | 18 | 5.8 |
| 没明显作用 | 59 | 19.1 |
| 能够丰富和深化教育教学理念 | 217 | 70.2 |
| 能够丰富教材、教学内容 | 145 | 46.9 |
| 能够改进教学策略、方法 | 174 | 56.3 |

从表 5.9 可见，大多数教师认为科研对教学能起积极作用，70.2%的教师认为"能够丰富和深化教育教学理念"，而认为"能够改进教学策略、方法"和"能够丰富教材、教学内容"的人数相对较少，分别有 56.3% 和 46.9% 的教师认同这 2 种观点。可见，大多数参与教师对理论与教学实践的关系持理性判断，并没有认为理论能够直接作用于教学方法和内容，而是倾向于认为理论能够带来理念上的改变，从而对教学产生影响。本结果显示，只有 24.9% 的教师认为科研对教学没明显作用或没作用。

## 5.2.4 科研动机及其与学术论文发表的关系

### 5.2.4.1 科研动机量表的结构效度

本研究的目的之一是分析科研动机与论文发表情况的关系，首先需要对科研动机量表进行探索性因子分析，以确定该量表的因子结构。在进行因子分析前，检测数据是否满足因子分析的条件。结果显示，Kaiser-Meyer-Olkin（KMO）的值为 0.939，大于 0.6，巴特利特球形检验（Bartlett's test of sphericity），在 0.001 水平上显著，反影像（the anti-image）相关矩阵对角线的值介于 0.746 和 0.968 之间，均高于 0.5 的阈值（Field，2009），表明数据适合探索性因子分析。

采用主轴因子法（principal axis factoring）的因子抽取方法，使用斜角旋转（direct oblimin）。最初得到 5 个特征值（eigenvalue）大于 1 的因子，但是由于第 5、25、19 等 3 个项目的共同性数值偏低或跨因子负荷大于 0.4，逐一将其删除，最终得到具有理论意义的 4 个因子，解释了变量 61.54% 的方差。第一个因子的项目主要描述个体对科研内化的价值认同，如认为科研是为了实现个人价值（如"我从事科研工作并撰写学术论文是为了实现自身价值"）或者是社会责任（如"作为一名大学的教职人员，我有义务去发表一些学术论文"）。这一因子较为符合外部动机中的认同调节（identified regulation），故将此因子命名为"认同调节—自我实现与社会责任"。第二个因子包含的项目与增加个人地位或社会声望有关，比起第一个因子其外部因素更强，这一因子较为符合外部动机中的摄入调节（introjected regulation），因此命名为"摄入调节—社会声望与认可"。第三个因子的项目与外在刺激如职称晋升或完成科研任务相关（如"晋升职称是我发表文章的最主要目的"），因此命名为"外在调节—职称晋升与绩效"。最后一个因子的项目大多描述了兴趣和专业探索（如"我从事科研工作并撰写学术论文完全是因为感兴趣"），与内部动机较为相符，因此命名为"内部动机—内在兴趣与追求"。表5.10列出各个因子的组成题项以及因子的内在一致性信度，从该表可见，各个因子的Cronbach's α值均大于0.70，表明具有较好的信度（Field, 2009）。

表5.10 科研动机变量的因子负荷与信度

| | 题项 | 因子 | | | |
| --- | --- | --- | --- | --- | --- |
| | | 1 | 2 | 3 | 4 |
| 22 | 作为一名大学的教职人员，我有义务去发表一些学术论文 | .78 | .01 | .04 | .17 |
| 23 | 我从事科研工作并撰写学术论文是为了实现自身价值 | .74 | .13 | .14 | .01 |
| 18 | 我很希望我发表的文章能够对社会的发展做出一定的贡献 | .68 | .01 | .12 | .24 |
| 24 | 我从事科研工作是为了更好指导我的教学工作 | .60 | .08 | .07 | .04 |
| 21 | 我发表文章是为了履行一种社会职责 | .60 | .10 | .00 | .08 |
| 17 | 我喜欢科研工作是因为每当文章发表后我有种很强烈的成就感 | .55 | .14 | .10 | .19 |

续表 5.10

| 题项 | | 因子 | | | |
|---|---|---|---|---|---|
| | | 1 | 2 | 3 | 4 |
| 20 | 能够对相关的学术领域做出贡献是激励我发表文章的主要因素 | **.52** | .10 | .13 | .28 |
| 16 | 激励我从事科研工作的主要因素是我想提高我个人的学术水平和知识 | **.47** | .03 | .09 | **.41** |
| 9 | 不断提高我的社会地位是我发表科研论文的主要动力 | .07 | **.86** | .10 | .12 |
| 8 | 我鼓励自己多发表文章是为了提高我的社会声望 | .12 | **.80** | .17 | .08 |
| 7 | 我从事科研工作并撰写学术文章是为了增加收入 | .19 | **.61** | .05 | .02 |
| 6 | 我鼓励自己多发表文章是为能得到同事或者同行业人的认可 | .24 | **.55** | .05 | .04 |
| 11 | 我发表文章主要是能为将来寻找到更好的工作奠定基础 | .07 | **.54** | .06 | .11 |
| 10 | 参加国内外学术会议是我发表文章的主要动力 | .02 | **.48** | .12 | .28 |
| 1 | 我发表论文是为了完成科研工作量 | .02 | .06 | **.86** | .01 |
| 2 | 晋升职称是我发表文章的最主要目的 | .03 | .02 | **.81** | .00 |

续表 5.10

| 题项 | | 因子 | | | |
|---|---|---|---|---|---|
| | | 1 | 2 | 3 | 4 |
| 3 | 因为每年有绩效评估，我不得不写一些科研论文 | .04 | .00 | **.79** | .09 |
| 4 | 如果学校对发表学术文章没有要求，我是不会去从事科研工作或写文章的 | .23 | .11 | .39 | .33 |
| 12 | 我从事科研工作并撰写学术论文完全是因为感兴趣 | .11 | .02 | .16 | **.70** |
| 14 | 我很喜欢在写文章时那种不断探索研究的感觉 | .22 | .02 | .20 | **.63** |
| 13 | 我就是非常喜欢做科研工作 | .01 | .09 | .39 | **.61** |
| 15 | 对高水平学术文章的追求是我从事科研工作的最主要因素 | .26 | .14 | .18 | **.55** |
| 内在一致性信度（Cronbach's α） | | .91 | .82 | .87 | .93 |

### 5.2.4.2 参与教师的科研动机水平

确定了科研动机量表的因子结构后，对参与教师的科研动机进行描述统计，以了解其科研动机水平。根据以上析出的因子结构，将科研动机 4 个维度的题项分别求平均值，以反映各个维度的相应水平。表 5.11 显示了科研动机 4 个维度的描述统计数据。从表 5.11 可见，教师的外在调节动机水平最高（M=3.50），其次为认同调节（M=3.34），内部动机的水平处于第三位（M = 3.05），而摄入调节动机的水平最低（M = 2.76）。

表 5.11　参与教师科研动机各个维度的描述统计

| 科研动机维度 | 最小值 | 最大值 | 平均值 | 标准差 | 偏度 | 峰度 |
| --- | --- | --- | --- | --- | --- | --- |
| 内部动机：内在兴趣与追求 | 1 | 5 | 3.05 | 1.03 | -0.23 | -0.44 |
| 认同调节：自我实现与社会责任 | 1 | 5 | 3.34 | 0.84 | -0.67 | 0.49 |
| 摄入调节：社会声望与认可 | 1 | 4.83 | 2.76 | 0.79 | -0.20 | -0.24 |
| 外在调节：职称晋升与绩效 | 1 | 5 | 3.50 | 0.99 | -0.55 | -0.32 |

为了进一步了解参与教师对动机量表题项的回答情况，对各个题项进行了频数分析。由于问卷采用了五点量表，为便于对结果的解读，把表示"完全同意"和"同意"的人数合并统计为"同意"，把表示"完全不同意"和"不同意"的人数合并统计为"不同意"，得到的结果如表 5.12 所示。从表 5.12 可见，较多教师认同外在调节的动机题项，包括认同其科研活动是为了晋升需要（题项 2，73.5%），为了绩效考核（题项 3，68.6%），以及为了完成科研工作量（题项 1，62.1%），而 34.3% 的教师认为如果学校没有发表文章的要求就不会去从事科研工作或写文章（题项 4）。

需要指出的是，以上分析显示，较多教师具备认同调节动机，如，60.8% 的人同意从事科研是为了更好地指导其教学工作（题项24），这与5.2.3小节汇报的教师对科研之于教学的作用的看法相一致。61.8%的人认同他们从事科研工作是为了提高个人的学术水平和知识（题项16），60.2%的人认同是为了对社会发展做出一定贡献（题项18）。可见，虽然认同调节动机理论上属于外部动机，但是实质上归属自主动机（Ryan & Deci, 2017），本研究中科研动机的认同调节反映了个体认为科研工作的重要性，并且一定程度上纳入其自我的一部分。

表5.12 参与教师对科研动机量表题项回答的频数分析（%）

| 维度 | 题项 | 同意 | 不确定 | 不同意 |
|---|---|---|---|---|
| 内部动机：内在兴趣与追求 | 12. 我从事科研工作并撰写学术论文完全是因为感兴趣 | 35.6 | 33.7 | 30.7 |
| | 14. 我很喜欢在写文章时那种不断探索研究的感觉 | 46.9 | 30.4 | 22.7 |
| | 13. 我就是非常喜欢做科研工作 | 27.5 | 33.3 | 39.2 |
| | 15. 对高水平学术文章的追求是我从事科研工作的最主要因素 | 41.4 | 27.2 | 31.4 |
| 认同调节：自我实现与社会责任 | 22. 作为一名大学的教职人员，我有义务去发表一些学术论文 | 49.8 | 27.8 | 22.3 |
| | 23. 我从事科研工作并撰写学术论文是为了实现自身价值 | 57.6 | 21.7 | 20.7 |
| | 18. 我很希望我发表的文章能够对社会的发展做出一定的贡献 | 60.2 | 23.9 | 15.9 |
| | 24. 我从事科研工作是为了更好地指导我的教学工作 | 60.8 | 23.6 | 15.5 |

续表 5.12

| 维度 | 题项 | 同意 | 不确定 | 不同意 |
|---|---|---|---|---|
| 认同调节：自我实现与社会责任 | 17. 我喜欢科研工作是因为每当文章发表后我有种很强烈的成就感 | 53.4 | 26.9 | 19.7 |
| | 21. 我发表文章是为了履行一种社会职责 | 23.3 | 42.4 | 34.3 |
| | 20. 能够对相关的学术领域做出贡献是激励我发表文章的主要因素 | 44.3 | 28.2 | 27.5 |
| | 16. 激励我从事科研工作的主要因素是我想提高我个人的学术水平和知识 | 61.8 | 22.7 | 15.5 |
| 摄入调节：社会声望与认同 | 9. 不断提高我的社会地位是我发表科研论文的主要动力 | 25.6 | 28.2 | 46.3 |
| | 8. 我鼓励自己多发表文章是为了提高我的社会声望 | 31.7 | 28.8 | 39.5 |
| | 7. 我从事科研工作并撰写学术文章是为了增加收入 | 24.2 | 17.5 | 58.3 |
| | 6. 我鼓励自己多发表文章是为能得到同事或者同行业人的认可 | 50.5 | 21.7 | 27.8 |
| | 11. 我发表文章主要是能为将来寻找到更好的工作奠定基础 | 34.3 | 22.0 | 43.7 |
| | 10. 参加国内外学术会议是我发表文章的主要动力 | 17.8 | 28.5 | 53.7 |

续表5.12

| 维度 | 题项 | 同意 | 不确定 | 不同意 |
|---|---|---|---|---|
| 外在调节：职称晋升与绩效 | 1. 我发表论文是为了完成科研工作量 | 62.1 | 12.6 | 25.2 |
| | 2. 晋升职称是我发表文章的最主要目的 | 73.5 | 10.4 | 16.2 |
| | 3. 因为每年有绩效评估，我不得不写一些科研论文 | 68.6 | 11.7 | 19.7 |
| | 4. 如果学校对发表学术文章没有要求，我是不会去从事科研工作或写文章的 | 34.3 | 26.2 | 39.5 |

此外，摄入调节动机在受访人群中并不明显，该维度下只有题项6（"为了同事或者同行业人的认可"）获得较高比例人数的同意（50.5%），而对其他题项表示同意的人数比例较低。这一结果可以理解，如前所述，外语教师相对其他人文学科的同行，在科研和论文发表方面较为逊色，所以对于大多数教师来说，可能首要目标是在科研上达到学校和自己职业发展的需求，而在同行中获得声望可能不是其当下迫切的目标，因此参与教师对这些题项的认同度不算高。

相对来说，与前面描述统计结果相一致，认同内部动机的教师的比例较低，只有35.6%的人认同他们对科研有兴趣（题项12），46.9%的人汇报他们喜欢不断进行探索和研究的感觉（题项14）。可见，对于大多数高校外语教师，从事科研和论文写作等可能很大程度上是由各种外部因素所驱使，从内心喜欢这些科研活动的教师人数或许不多。

### 5.2.4.3　人口统计学特征对科研动机的影响

为了进一步分析人口统计学特征指标对科研动机的影响，将参与教师的科研情况按照性别、所属高校性质进行独立样本 $t$ 检验，按年龄、学历、专业技术职称进行方差分析，Levene 统计量均不显著（$p > 0.05$），表明数据满足方差齐性的条件。具体结果如表 5.13 所示。

从表 5.13 可见，男性外语教师的内部动机、认同调节——自我实现与社会责任，以及摄入调节——社会声望与认同均高于女性外语教师，而女教师的外在调节——职称晋升与绩效的得分则高于男教师。这一结果表明总体上男教师的科研动机强于女教师，而女教师从事科研更多是出于晋升和工作绩效等方面的压力。

表 5.13 也显示了，"211/985"高校的外语教师和其他类型高校的外语教师在科研动机各个维度上均不存在显著性差异，而根据 5.2.2.3 小节汇报的结果，前者的科研情况显著优于后者，这一结果与这 2 组教师科研动机差异不显著形成鲜明对比。可以推断，科研动机可能不是促成"211/985"高校外语教师科研成果的主要动因，需要考虑其他因素的影响。

在年龄方面，方差分析显示，认同调节——自我实现与社会责任、摄入调节——社会声望与认同、外在调节——晋升与绩效等 3 个维度存在显著差异。使用 Scheffe 法进行事后组间多重比较（秦晓晴、毕劲，2015），认同调节——自我实现与社会责任方面没有发现组间平均值差异，这个结果较

表5.13 科研动机独立样本t检验和方差分析结果（平均值）

| | | 内部动机：内在兴趣与追求 | 认同调节：自我实现与社会责任 | 摄入调节：社会声望与认同 | 外在调节：职称晋升与绩效 |
|---|---|---|---|---|---|
| 性别 | 男 | 3.45 | 3.58 | 2.93 | 3.05 |
| | 女 | 2.93 | 3.27 | 2.70 | 3.65 |
| | Sig. | .00** | .01** | .03* | .00** |
| 是否来自"211/985"高校 | 是 | 3.16 | 3.35 | 2.73 | 3.53 |
| | 否 | 2.99 | 3.33 | 2.77 | 3.49 |
| | Sig. | .16 | .84 | .63 | .77 |
| 年龄 | 20~29岁 | 3.39 | 3.49 | 3.09 | 3.29 |
| | 30~39岁 | 3.08 | 3.39 | 2.85 | 3.40 |
| | 40~49岁 | 2.85 | 3.15 | 2.50 | 3.76 |
| | 50岁以上 | 3.31 | 3.61 | 2.75 | 3.41 |
| | Sig. | .051 | .03* | .00** | .02* |

续表 5.13

| | | 内部动机:<br>内在兴趣与追求 | 认同调节: 自我<br>实现与社会责任 | 摄入调节: 社会<br>声望与认同 | 外在调节: 职<br>称晋升与绩效 |
|---|---|---|---|---|---|
| 学历 | 本科 | 2.84 | 3.42 | 2.83 | 3.73 |
| | 硕士 | 2.84 | 3.20 | 2.64 | 3.65 |
| | 博士 | 3.57 | 3.63 | 2.98 | 3.12 |
| | Sig. | .00** | .00** | .00** | .00** |
| 职称[a] | 助教 | 3.24 | 3.56 | 3.24 | 3.25 |
| | 讲师 | 2.87 | 3.22 | 2.74 | 3.68 |
| | 副教授 | 3.17 | 3.39 | 2.70 | 3.39 |
| | 教授 | 3.47 | 3.76 | 2.73 | 3.13 |
| | Sig. | .01* | .01* | .06 | .01* |

[a] 职称的统计基于 306 份问卷数据,因为其中 3 份问卷上职称选择了 5 (其他),因此对职称进行方差分析时剔除了这 3 份数据。

\* $p < 0.05$,  \*\* $p < 0.01$

为正常，如秦晓晴和毕劲（2015：330）所指出的，Scheffe法比较保守，虽然 $F$ 检验结果达到了显著水平，但是 Scheffe 检验可能没能分析出组间显著性差异。因此再用 LSD 法检验，发现 30～39 岁（M=3.39）与 40～49 岁（M=3.15）之间、40～49 岁（M=3.15）与 50 岁及以上（M=3.61）之间存在显著性差异；在摄入调节——社会声望与认同方面，20～29 岁（M=3.09）与 40～49 岁（M=2.50）、30～39 岁（M=2.85）与 40～49 岁（M=2.50）之间存在显著差异；在外在调节——晋升与绩效方面，30～39 岁（M=3.40）与 40～49 岁（M=3.76）之间存在显著差异。这些结果表明，处于事业上升期（30～39 岁）和事业成熟期（50 岁及以上）的外语教师比其他年龄段的教师在实现自我和履行责任方面的科研动机更为强烈，而越年轻的教师（20～29 岁、30～39 岁）在获得社会声望和同行认同方面的动机比年龄较长的教师要强烈，而 40～49 岁年龄段的外语教师，其出于晋升和绩效方面的科研动机最为强烈。

此外，学历显著影响科研动机的各个维度，表 5.13 反映出一个有趣的现象，在内部动机——内在兴趣与追求、认同调节——自我实现与社会责任、摄入调节——社会声望与认同 3 个方面，动机水平最高的是博士研究生，其次是本科生，硕士研究生水平最低。而在外在调节——职称晋升与绩效方面，本科生的水平最高，其次是硕士研究生，而博士研究生的水平最低。Scheffe 事后组间多重比较显示，在内部动机——内在兴趣与追求方面，博士研究生（M=3.57）显著强于硕士研究生（M=2.84）和本科生（M=2.84）；在认同调节——自我实现与社会责任、摄入调节——社会声望与认同方面，差异均来自博士研究生（分别为 M = 3.63, M = 2.98）和硕士研究生（分别为 M = 3.20, M = 2.64），前者显著强于后者；在外在调节——职称晋升与绩效方面，本科生（M = 3.73）显著强于博士研究生（M = 3.12）、硕士研究生（M = 3.65）显著强于博士研究生（M = 3.12）。结果表明，博士研究生在内部动机如兴趣和追求方面最强，而在外部动机如晋升和绩效方面水平最低，体现了具备博士学历的外语教师更倾向于对科研产生发自内心的兴趣并纳入对自我的认知。相对来说，在本项目的调查对象中，硕士研究生的动机水平最低，虽然在前 3 个动机维度与本科生的差异未达到显著。本科生表现在晋升和绩效方面的动机水平最高，体现了本科生的科研活动多出于晋升和绩效考核的需要。

最后，从表 5.13 也可见，职称显著影响除摄入调节——社会声望与认同之外的科研动机的 3 个维度。在内部动机——内在兴趣与追求方面，Scheffe 事后比较没有发现组间差异，用 LSD 法发现差异来自讲师（M = 2.87）与副教授（M = 3.17）之间；在认同调节——自我实现与社会责任方面，Scheffe 事后检验发现差异来自讲师（M = 3.22）与教授（M = 3.76）之间；在外在调节——职称晋升与绩效方面，LSD 事后检验显示差异来自讲师（M = 3.68）与副教授（M = 3.39）之间、讲师（M = 3.68）与教授（M = 3.13）之间。从结果看，讲师在内部动机和认同调节动机方面较低，而在外在调节——晋升和绩效方面动机水平最高。相对来讲，助教内部动机和认同调节动机的水平均排第二，而摄入调节——社会声望与认同方面最高，可见在开展科研方面，助教在获得社会声望与认同方面需求较高。

#### 5.2.4.4 科研动机与学术论文发表的关系

为了检验科研动机与学术论文发表的关系，同时控制人口统计学特征的作用，首先将人口统计学特征作为自变量，国际期刊论文发表篇数作为因变量，进行零膨胀负二项回归分析，然后在自变量中加入科研动机的 4 个因子，再次进行零膨胀负二项回归分析。表 5.14 统计了参加调查的教师在国际学术期刊（包括 SSCI、A&HCI、其他实行同行评议的国际期刊）发表论文的情况，以及在国内 CSSCI 期刊发表论文的情况。国际期刊论文发表数最大值为 13，最小值为 0，众数为 0，表明很多参与教师没有在国际期刊上发表过论文。相比之下，在 CSSCI 期刊的发文数量较多，但是众数为 0，同样表明没有在 CSSCI 期刊上发表过论文的教师仍占多数。

表 5.14 参与教师国际期刊及 CSSCI 期刊论文发表情况

|  | 最小值 | 最大值 | 众数 | 总值 | 平均值 | 标准差 |
| --- | --- | --- | --- | --- | --- | --- |
| 同行匿名评审的国际学术期刊发表论文的篇数 | 0 | 13 | 0 | 172 | 0.56 | 1.60 |
| CSSCI 期刊发表论文的篇数 | 0 | 5 | 0 | 497 | 1.61 | 3.40 |

零膨胀负二项回归分析结果如表 5.15 所示。表 5.15 显示模型的 2 个部分，分别是计数模型（即对数线性模型）和零膨胀模型（逻辑回归模型）。计数模型下的系数（$b$）表明各自变量对国际期刊论文发表篇数的预测。零膨胀模型的

系数（$b$）表明各自变量对国际期刊论文发表篇数零事件（即篇数为0）的预测。

从表5.15的零膨胀模型可见，学历和职称与国际期刊论文篇数零事件显著相关，且 $b$ 均为负值，由于该系数预测零事件的发生，系数的负值表明教师的学历和职称越高，其在国际期刊发表论文的篇数越不可能为0。换言之，这2个因素对教师在国际期刊是否能成功发表论文起到关键作用。

在 A1 模型的计数模型中，学校类型与国际期刊论文篇数显著相关（$p<0.01$）；当加入动机因子后（A2 模型），显示与论文篇数显著相关的动机因子有2个：内部动机（$b=0.87$, $p<0.001$），呈正向相关关系；认同调节（$b=-0.65$, $p<0.001$），呈负相关关系。说明在国际期刊成功发表论文的调查对象中，内部动机越强，在国际期刊发表的论文数量越多；而认同调节越高，在国际期刊发表的论文数量会越少。

为了对比科研动机与国内外期刊论文发表的关系，将国内 CSSCI 期刊论文发表篇数作为因变量，按照上述步骤，同样进行零膨胀负二项回归分析，结果如表5.16所示。

表5.16 可见，在零膨胀模型中，学历在 B1 模型、学历和职称在 B2 模型与 CSSCI 期刊论文篇数零事件显著相关，且 $b$ 均为负值，表明教师的学历、职称越高，其在 CSSCI 期刊发表论文的篇数越不可能为0。此外，在计数模型中，学历（$b=1.04$, $p<0.001$）和职称（$b=0.62$, $p<0.001$）均与论文篇数呈显著正相关关系，而在加入了动机因子的 B2 模型中，外在调节（外部动机的下位概念）与论文篇数呈显著负相关关系（$b=-0.36$, $p<0.01$）。表明在 CSSCI 期刊成功发表论文的受访教师中，学历和职称越高，发表论文的篇

表 5.15 科研动机对国际期刊论文发表的零膨胀负二项回归分析结果

| 变量 | A1 模型 | | | | A2 模型 | | | |
|---|---|---|---|---|---|---|---|---|
| | 计数模型 | | 零膨胀模型 | | 计数模型 | | 零膨胀模型 | |
| | b | Z | b | Z | b | Z | b | Z |
| 常数 | 0.17 | 0.12 | 7.92 | 4.39*** | -2.15 | -1.51 | 4.99 | 2.12* |
| 年龄 | -0.06 | -0.28 | 0.27 | 0.77 | 0.31 | 1.83 | 0.31 | 0.93 |
| 性别 | -0.54 | -1.71 | -0.32 | -0.66 | -0.07 | -0.29 | -0.14 | 0.29 |
| 学历 | 0.06 | 0.12 | -1.79 | -3.39*** | 0.29 | 0.78 | -1.53 | -3.42*** |
| 职称 | 0.13 | 0.40 | -0.95 | -2.16* | -0.12 | -0.52 | -0.95 | -2.41* |
| 学校类型 | 0.47 | 2.76** | -0.05 | -0.24 | 0.23 | 1.82 | -0.25 | -1.32 |
| 内部动机:内在兴趣与追求 | | | | | 0.87 | 4.28*** | 0.62 | 1.58 |
| 认同调节:自我实现与社会责任 | | | | | -0.65 | -3.36*** | -0.31 | -0.73 |
| 摄入调节:社会声望与认可 | | | | | 0.00 | 0.02 | -0.05 | -0.19 |
| 外在调节:职称晋升与绩效 | | | | | 0.19 | 1.45 | 0.50 | 1.68 |
| 对数似然值(自由度) | -210.0 (13) | | | | -200.5 (21) | | | |

$^* p<0.05$,$^{**} p<0.01$,$^{***} p<0.001$

## 表 5.16 科研动机对 CSSCI 期刊论文发表的零膨胀负二项回归分析结果

| 变量 | B1 模型 | | | | B2 模型 | | | |
|---|---|---|---|---|---|---|---|---|
| | 计数模型 | | 零膨胀模型 | | 计数模型 | | 零膨胀模型 | |
| | b | Z | b | Z | b | Z | b | Z |
| 常数 | -3.94 | -4.56*** | 20.36 | 1.83 | -2.89 | -2.57 | 18.68 | 2.63* |
| 年龄 | 0.04 | 0.37 | 0.07 | 0.14 | 0.11 | 0.99 | 0.04 | 0.07 |
| 性别 | -0.21 | -1.08 | -2.02 | -1.20 | -0.00 | -0.01 | -2.13 | -1.74 |
| 学历 | 1.15 | 6.15*** | -2.33 | -2.69** | 1.04 | 6.10*** | -2.75 | -2.63** |
| 职称 | 0.66 | 3.85*** | -4.91 | -1.19 | 0.62 | 3.68*** | -5.03 | -2.25* |
| 学校类型 | 0.09 | 1.12 | -0.62 | -1.69 | 0.13 | 1.64 | -0.59 | -1.50 |
| 内部动机：内在兴趣与追求 | | | | | -0.08 | -0.53 | 0.79 | 0.84 |
| 认同调节：自我实现与社会责任 | | | | | -0.14 | -0.79 | -0.56 | -0.63 |
| 摄入调节：社会声望与认可 | | | | | 0.21 | 1.72 | 0.46 | 0.84 |
| 外在调节：职称晋升与绩效 | | | | | -0.36 | -2.78** | 0.41 | 0.52 |
| 对数似然值（自由度） | -376.7 (13) | | | | -368.0 (21) | | | |

\* $p < 0.05$，\*\* $p < 0.01$，\*\*\* $p < 0.001$

数越多；而当教师出于晋升和绩效的科研动机越强时，在CSSCI期刊发表论文的数量越少。

### 5.2.5 国际学术论文发表的影响因素及其与论文发表的关系

#### 5.2.5.1 国际学术论文发表影响因素量表的结构效度

本研究除了测量科研动机，也调查了参与教师认为影响国际学术论文发表的因素，并探讨这些因素和论文发表情况的关系。因此，与前面分析过程一样，首先对该因素量表进行探索性因子分析，以确定该量表的因子结构。KMO 的值为 0.869，大于 0.6，Bartlett's test of sphericity 在 0.001 水平上显著，反影像相关矩阵对角线的值介于 0.704 和 0.921 之间，均高于 0.5 的阈值（Field，2009），表明数据适合探索性因子分析。由于量表项目均为反向题，因此首先对数据进行反向计分，使得在本量表得分越高，越能表明该因素对国际发表起到正向作用。

与上述科研动机量表的心理测量不同，本量表侧重对外部和个体因素的看法，项目之间不一定反映潜在的心理结构，因此采用主成分分析方法抽取因子，使用斜角旋转。分析得到 4 个特征值（eigenvalue）大于 1 的因子，解释了量表项目 65.39% 的方差。第一个因子包含的题项主要描述对国际学术期刊或相关研究领域的了解（如"我不了解向国际学术期刊投稿的程序"），根据题项内容，第一个因子命名为"国际期刊与研究了解度"。第二个因子的题项主要描述院系同事的国际学术参与（如"我的院系同事很少在国际学术期刊发表论文"），因此命名为"院系科研氛围"。第三个因子的题项描述社会关系、科研经费等客观原因（如"我缺乏科研经费"），因此命名为"社会资源和时间"。第四个因子的题项是关于教师本身的英文论文写作能力或经验（如"我缺乏撰写英文论文的经验"），因此命名为"英文写作水平与经验"。表 5.17 列出了该量表的因子负荷和信度，其中 2 个题项（题项 28 和 35）在 2 个因子上的负荷值大于 0.40，但是如前所述，由于该量表项目倾向于探索受访人的看法，而不是测量心理变量，因此在因子结构中保留这 2 个题项。各个因子的信度值都在 0.70 以上，具备内在一致性信度（Field, 2009）。

表 5.17　国际学术论文发表影响因素的因子负荷与信度

| 题项 | | 因子 | | | |
|---|---|---|---|---|---|
| | | 1 | 2 | 3 | 4 |
| r26 | 我对国际学术期刊缺乏了解 | **.93** | .03 | .02 | .13 |
| r27 | 我对自己研究领域的国际研究前沿和动态缺乏了解 | **.86** | .10 | .10 | .10 |
| r31 | 我不了解向国际学术期刊投稿的程序 | **.71** | .06 | .01 | .15 |
| r29 | 我对在国际期刊发表文章没有自信 | **.61** | .08 | .06 | .36 |
| r35 | 我缺乏参与国际学术交流的经验 | **.51** | .02 | .47 | .07 |
| r40 | 我的院系同事很少在国际学术期刊发表论文 | .04 | **.87** | .10 | .04 |
| r38 | 我的院系同事很少在国际学术会议上汇报研究成果 | .07 | **.80** | .18 | .09 |
| r34 | 我缺乏社会关系 | .04 | .04 | **.79** | .01 |

续表 5.17

| 题项 | | 因子 | | | |
|---|---|---|---|---|---|
| | | 1 | 2 | 3 | 4 |
| r33 | 我缺乏科研经费 | .06 | .03 | **.77** | .15 |
| r39 | 我缺乏可利用的国际文献资源 | .15 | .23 | **.56** | .01 |
| r36 | 我所在学校对在国际学术期刊发表论文没有特别的激励政策 | .01 | .15 | **.55** | .12 |
| r30 | 我没有时间撰写英文论文 | .06 | .24 | **.40** | .38 |
| r37 | 我的英文学术写作水平不足 | .09 | .13 | .03 | **.89** |
| r28 | 我缺乏撰写英文论文的经验 | .49 | .19 | .18 | **.57** |
| r32 | 我缺乏科研能力 | .29 | .18 | .37 | **.42** |
| 内在一致性信度（Cronbach's α） | | .86 | .81 | .71 | .74 |

ª题项前面的字母"r"表示因子分析使用了反向计分数据。

### 5.2.5.2 参与教师对国际学术论文发表影响因素的看法

对量表项目进行频数分析，以进一步了解参与教师对影响国际学术论文发表因素的看法。同样，把表示"完全同意"和"同意"的人数合并统计为"同意"，把表示"完全不同意"和"不同意"的人数合并统计为"不同意"，结果如表 5.18 所示。

从表 5.18 可见，大多数教师反映他们缺乏国际学术论文发表方面的知识。超过 60% 的人认为自己对国际学术期刊缺乏了解（题项 26，66.0%），对国际学术期刊投稿的程序缺乏了解（题项31，67.0%），以及缺乏参与国际学术交流的经验（题项35，67.6%）。此外，63.7%的教师承认他们对在国际期刊发表文章没有自信（题项29）。

值得注意的是，从对问卷的回答可以看出，很多教师并不怀疑自己的学术能力或语言能力，因为只有较小一部分人认同诸如"我的英文学术写作水平不足"（题项37，37.2%）和"我缺乏科研能力"（题项32，34.6%）这些说法，尽管55.7%的人承认他们缺乏撰写英文论文的经验（题项28）。

表5.18 参与教师对国际学术论文发表影响因素量表题项回答的频数分析（%）

| 维度 | 题项 | 同意 | 不确定 | 不同意 |
| --- | --- | --- | --- | --- |
| 国际期刊和研究了解度 | 26. 我对国际学术期刊缺乏了解 | 66.0 | 11.0 | 23.0 |
| | 27. 我对自己研究领域的国际研究前沿和动态缺乏了解 | 46.9 | 20.7 | 32.4 |
| | 29. 我对在国际期刊发表文章没有自信 | 63.7 | 20.7 | 15.6 |
| | 31. 我不了解向国际学术期刊投稿的程序 | 67.0 | 13.9 | 19.1 |
| | 35. 我缺乏参与国际学术交流的经验 | 67.6 | 13.3 | 19.1 |
| 院系科研氛围 | 38. 我的院系同事很少在国际学术会议上汇报研究成果 | 65.0 | 17.2 | 17.8 |
| | 40. 我的院系同事很少在国际学术期刊发表论文 | 69.9 | 15.9 | 14.2 |

续表 5.18

| 维度 | 题项 | 同意 | 不确定 | 不同意 |
|---|---|---|---|---|
| 社会资源和时间 | 30. 我没有时间撰写英文论文 | 51.8 | 23.0 | 25.2 |
| | 33. 我缺乏科研经费 | 64.1 | 19.7 | 16.2 |
| | 34. 我缺乏社会关系 | 67.6 | 19.4 | 13.0 |
| | 36. 我所在学校对在国际学术期刊发表论文没有特别的激励政策 | 31.1 | 22.0 | 46.9 |
| | 39. 我缺乏可利用的国际文献资源 | 58.3 | 19.1 | 22.6 |
| 英文写作水平与经验 | 28. 我缺乏撰写英文论文的经验 | 55.7 | 15.5 | 28.8 |
| | 32. 我缺乏科研能力 | 34.6 | 27.8 | 37.6 |
| | 37. 我的英文学术写作水平不足 | 37.2 | 27.8 | 35.0 |

从对第 38 题项和 40 题项的作答可以看出，参与教师认为他们所在院系的科研气氛不是很浓郁，69.9% 的人反映其院系同事很少在国际学术期刊发表论文（题项 40），65% 的人反映其同事很少在国际学术会议上汇报研究成果（题项 38）。从某种意义上说，如果院系的科研和学术写作气氛活跃，能够起到激励教师的作用，也能带动年轻教师从事科研。因此，院系科研气氛是较为重要的因素。

在社会资源和时间方面，51.8% 的教师认为没有时间撰写论文是一个影响因素，这跟 5.2.1 小节中汇报的教师教学工作量繁重的结果相一致。可以想象，如果教学上花费较多时间和精力，能够用在科研和论文写作方面的时间就相应减少。此外，很多教师反映其缺乏社会关系（题项 34，67.6%）和科研经费（题项 33，64.1%）。值得一提的是，只有31.1%的人同意"所在学校对在国际学术期刊发表论文没有特别的激励政策"这一题项（题项36），说明很多教师所在学校有实施相关的激励政策。

### 5.2.5.3 国际学术论文发表影响因素与论文发表的关系

参照5.2.4小节关于科研动机的分析，将国际学术论文发表影响因素的4个维度与国际期刊论文数量和国内CSSCI期刊论文数量（见表5.14）分别作为因变量，进行零膨胀负二项回归分析。表5.19和5.20分别显示对国际期刊论文和国内CSSCI论文的回归分析结果。

表5.19的C1模型检验了人口统计学特征与国际期刊论文篇数的关系，对应表5.15的A1模型。当加入教师自述的影响因素后（C2模型），在零膨胀模型中，学历、国际期刊与研究了解度、院系科研氛围与国际期刊论文篇数零事件显著相关，且 $b$ 均为负值，表明教师的学历越高，对国际期刊与研究越了解，所在院系的科研氛围越浓，其在国际期刊发表论文的篇数越不可能为0。同时，从计数模型可见，与国际期刊论文篇数显著相关的变量包括：学校类型（$b = 0.45$, $p < 0.001$）、英文写作水平与经验（$b = 0.41$, $p < 0.01$）、社会资源和时间（$b = 0.29$, $p < 0.05$）。这一结果说明，在国际期刊成功发表论文的调查对象中，所在高校的级别越高，教师的英文写作水平越高，经验越丰富，拥有的社会资源（如科研经费、国际文献资源等）越充足，可支配时间越多，所发表论文的篇数越多。

同样，表5.20的D1模型对应表5.16的B1模型，检验

表 5.19 影响因素对国际期刊论文发表的零膨胀负二项回归分析结果

| 变量 | C1 模型 | | | | | | C2 模型 | | | | | |
|---|---|---|---|---|---|---|---|---|---|---|---|---|
| | 计数模型 | | | 零膨胀模型 | | | 计数模型 | | | 零膨胀模型 | | |
| | b | Z | | b | Z | | b | Z | | b | Z | |
| 常数 | 0.17 | 0.12 | | 7.92 | 4.39*** | | −1.67 | −1.67 | | 9.10 | 4.74*** | |
| 年龄 | −0.06 | −0.28 | | 0.27 | 0.77 | | −0.01 | −0.03 | | 0.22 | 0.64 | |
| 性别 | −0.54 | −1.71 | | −0.32 | −0.66 | | −0.34 | −1.76 | | −0.25 | −0.52 | |
| 学历 | 0.06 | 0.12 | | −1.79 | −3.39*** | | −0.22 | −0.64 | | −1.34 | −2.78** | |
| 职称 | 0.13 | 0.40 | | −0.95 | −2.16* | | 0.06 | 0.26 | | −0.83 | −1.87 | |
| 学校类型 | 0.47 | 2.76** | | −0.05 | −0.24 | | 0.45 | 4.06*** | | −0.04 | −0.18 | |
| 国际期刊与研究了解度 | | | | | | | 0.04 | 0.26 | | −1.25 | −3.71*** | |
| 英文写作水平与经验 | | | | | | | 0.41 | 3.08** | | 0.36 | 1.15 | |
| 社会资源和时间 | | | | | | | 0.29 | 2.26* | | 0.33 | 0.99 | |
| 院系科研氛围 | | | | | | | −0.03 | −0.29 | | −0.45 | −2.00* | |
| 对数似然值(自由度) | −210 (13) | | | | | | −185.2 (21) | | | | | |

$^*p<0.05$,$^{**}p<0.01$,$^{***}p<0.001$

表5.20 影响因素对CSSCI期刊论文发表的零膨胀负二项回归分析结果

| 变量 | D1模型 | | | | D2模型 | | | |
|---|---|---|---|---|---|---|---|---|
| | 计数模型 | | 零膨胀模型 | | 计数模型 | | 零膨胀模型 | |
| | b | Z | b | Z | b | Z | b | Z |
| 常数 | -3.94 | -4.56*** | 20.36 | 1.83 | -4.56 | -4.41*** | 16.22 | 3.30*** |
| 年龄 | 0.04 | 0.37 | 0.07 | 0.14 | -0.04 | -0.37 | -0.07 | -0.11 |
| 性别 | -0.21 | -1.08 | -2.02 | -1.20 | 0.05 | 0.24 | -0.08 | 0.05 |
| 学历 | 1.15 | 6.15*** | -2.33 | -2.69** | 0.91 | 4.28*** | -3.54 | -2.35* |
| 职称 | 0.66 | 3.85*** | -4.91 | -1.19 | 0.76 | 3.73*** | -2.70 | -2.90** |
| 学校类型 | 0.09 | 1.12 | -0.62 | -1.69 | 0.02 | 0.25 | -1.01 | -1.79 |
| 国际期刊与研究了解度 | | | | | 0.10 | 0.86 | -0.06 | -0.11 |
| 英文写作水平与经验 | | | | | -0.09 | -0.79 | 0.07 | 0.11 |
| 社会资源和时间 | | | | | 0.22 | 1.77 | -0.75 | -1.04 |
| 院系科研氛围 | | | | | 0.03 | 0.25 | 0.65 | 1.17 |
| 对数似然值（自由度） | -376.7 (13) | | | | -371.7 (21) | | | |

\* $p<0.05$, \*\* $p<0.01$, \*\*\* $p<0.001$

了人口统计学特征与 CSSCI 期刊论文篇数的关系。当加入教师自述的影响因素后（D2 模型），在零膨胀模型中，学历、职称与 CSSCI 期刊论文篇数零事件显著相关，且 $b$ 均为负值，表明教师的学历和职称越高，其在 CSSCI 期刊发表论文的篇数越不可能为 0。同时，从计数模型可见，学历（$b=0.91$，$p<0.001$）和职称（$b=0.76$，$p<0.01$）依然与 CSSCI 论文篇数显著相关，而教师自述的国际学术论文发表影响因素与 CSSCI 论文篇数均无显著关系。这一结果可以理解，因为该问卷项目描述的是影响在国际期刊发表论文的因素。

### 5.2.6 参与教师的意见反馈

问卷的最后一道是开放题："贵校对教师在国际学术期刊发表论文有什么激励政策吗？您对高校激励教师在国际学术期刊发表论文方面有什么建议和意见？"目的是邀请调查对象自由陈述自己的观点。在 309 名调查对象中，有 146 人对此问题做了回答，主要回答了学校是否有激励政策，部分人也填写了关于激励教师在国际学术期刊论文发表方面的建议和意见。表 5.21 归纳了 146 位参与教师对第一个问题的回答，其中 71 人（48.6%）明确表示其学校对在 SSCI 或 A&HCI 期刊发表的论文有激励政策，主要包括奖金/物质奖励，奖金金额从 2000 元到 9 万元不等，大多是 1 万元或 2 万元。可见，国内高校相当重视人文社科教师在国际高级别期刊发表论文；其他的奖励包括科研加分、工作量奖励或职称评审方面的优势等。

问卷调查：高校外语教师的科研动机与国际学术论文发表  第 5 章

表 5.21　关于国际学术期刊论文发表的激励政策（$n=146$）

| 作答内容 | 人数（%） | 调查对象作答举例 |
| --- | --- | --- |
| 没作答 | 33（22.6%） | |
| 没有激励政策 | 28（19.2%） | "没有，很绝望" |
| 不清楚/不了解 | 14（9.6%） | "目前学校只是疯狂地要求人文学科的老师评副高要发一篇 SSCI，具体奖励不知"；"不知道，领导从来没有提过" |
| 有激励政策 | 71（48.6%） | |
| 奖金/物质奖励 | | "45 岁以下一个 SSCI 奖励 9 万"；"我们学院目前打算发一个 SSCI 奖励 5 万"；"有大约 3 万元的奖励，评职称分量比较大"；"国际发文基金专项支持，每篇 2 万"；"1 万元"；"我们学校每发一篇 SSCI 文章奖励 1 万元"；"如果在 SSCI 或 A&HCI 期刊发表论文，学校和学院分别奖励，学院奖励 1 万元一篇"；"给奖金，每篇 8000 元人民币"；"影响因子在 0.9 以上 SSCI 期刊发文奖 5000，不认可 book chapter 或非 SSCI，CSSCI，A&HCI 检索期刊"；"每篇文章 5000 元奖励。将来可能会更多"；"奖励 3000～5000 元"；"权威检索的国际期刊每篇奖励 2000 元，普通国际期刊没有奖励"；"有很高的奖励哟" |

续表 5.21

| 作答内容 | 人数（%） | 调查对象作答举例 |
|---|---|---|
| 科研分/工作量奖励 | | "学校对发表 SSCI 和 A&HCI 论文有一定的科研分奖励"；"算相应的科研积分，可折算成奖金"；"会发一点奖金和给科研分，算工作量"；"工作量计算比国内期刊的多" |
| 职称奖励 | | "有奖金和职称奖励"；"有，利于职称评定和奖金"；"有，但力度不大，整体仅比国内 CSSCI 期刊稍微多些得分，在评职称时基本等同于国内 C 刊论文。但撰写英文论文所花费的时间远高于中文期刊"；"经济上鼓励，职称上优先" |

此外，70 位参与教师对该题的后半部分写了反馈，写下他们对激励高校教师在国际学术期刊发表论文的建议和意见，根据内容，调查对象的看法主要归纳为 8 点，如表 5.22 所示。从表 5.22 可见，课时多，没有时间撰写论文是一个因素，这与前面 5.2.5.2 小节汇报的调查结果一致。该表的开放性反馈也表明，外语教师也意识到自身的水平不够，但不一定愿意去提升自己。部分老师指出缺乏在国际期刊发表论文的相关信息源，以及学校的奖励力度不够等。此外，一个有趣的结果是，一位教师建议要多发表国际期刊论文，因

问卷调查：高校外语教师的科研动机与国际学术论文发表　　第 5 章

为"比国内公平",而另一位教师不建议多发,认为"不利于中国学术语言主权的维护",显然后者是从语言政策、语言主权而不是个人得失方面去考量这一问题。也有教师认为文科的科研没有实际意义,是"沽名钓誉的工具"。可见,部分教师并不认同外语教师从事科研、发表论文的价值,因此自然不会有高质量的科研产出。

表 5.22　参与教师关于国际学术期刊论文发表的主要看法（$n=70$）

| 看法 | 人数（%） | 调查对象作答例子 |
| --- | --- | --- |
| 课时多,没时间 | 14（20%） | "由于教学任务繁重和自身科研水平能力缺乏,很难出成效";"平时教学工作占了过多时间,很难双方兼顾" |
| 教师自身水平不够 | 2（2.9%） | "我们学校老师的状态是大家都知道自己水平不够,但是还大部分都懒得去提升自己" |
| 缺乏信息源 | 2（2.9%） | "我校文科教师几乎没有教师在国际学术期刊发表论文,究其原因,个人以为缺乏相关信息源及激励机制是主因" |
| 应该多发 | 1（1.4%） | "建议多发,因为比国内公平" |
| 不应多发 | 1（1.4%） | "不建议,不利于中国学术语言主权的维护" |

续表5.22

| 看法 | 人数（%） | 调查对象作答例子 |
| --- | --- | --- |
| 文科的科研意义不大 | 1（1.4%） | "没有特别想法，感觉文科的科研大多都很虚，没有实际意义，只不过情势所迫，充其量只是个沽名钓誉的工具。科研评价原则我不敢苟同" |
| 奖励力度不够 | 2（2.9%） | "奖励力度不如搞搞所谓的教研项目，来钱易、结题快而且更被学校看重" |
| 学校政策制定者对外语类国际期刊缺乏了解 | 1（1.4%） | "他们对外语类国际期刊缺乏了解" |

根据调查对象对这道开放题的作答内容，总结出其对激励国际学术期刊论文发表的12点的建议，具体列于表5.23。

表 5.23　参与教师关于激励国际学术期刊论文发表的建议（$n=70$）

| 建议 | 人数（%） | 调查对象作答例子 |
| --- | --- | --- |
| 组织培训，鼓励支持参加研修或国际学术会议，提供学习平台，提供文献资源和投稿信息 | 26（37.1%） | "开设工作坊一类的培训课程，深入地有系统地就选题、实施、文献阅读、成文进行探讨、分析与纠错"；"多给教师提供相关资料和最前沿的学术理念"；"应该提供各类讲座和工作坊，帮助教师了解国际学术写作的规范和各类因素"；"需要领路人"；"能够开展一些论文写作指导方面的培训"；"学术会议的机会比纯粹的物质奖励更为重要"；"学校加大教师参加科研进修培训的机会，有学习才有进步，有交流才能打开视野" |
| 持续或加大激励力度 | 18（25.7%） | "我希望高校领导们能看重经过同行评审的论文的质量，并给予相应的奖励" |
| 减少工作量和无谓的活动，使教师有做科研的时间 | 12（17.1%） | "重点还是应该适当减少教学工作量和一些乱七八糟的活动，鼓励老师们读书，思考，进修，攻读博士学位，然后才可以谈得上在国际学术期刊上发表论文"；"少安排课时，让我们有更多精力放在科研上" |

续表 5.23

| 建议 | 人数（%） | 调查对象作答例子 |
| --- | --- | --- |
| 政策上区别对待文理科 | 2（2.9%） | "希望学校能区分文理科的学科特点，不要用衡量理科的标准衡量我们的科研成果"；"（不应）轻视人文学科，完全按省教育厅文件统一对待文理科" |
| 不要过分看重/不要与职称评审挂钩 | 2（2.9%） | "适可而止，不要太看重科研"；"建议降低对教学型大学教师科研任务量，不要逼迫教师忽视教学而去搞科研。对教师科研不应有硬性规定，而是确实有感而发"；"从实际出发，每个人量力而行，实事求是，希望不再和职称评审挂钩" |
| 增加对普通国际期刊的认可度 | 2（2.9%） | "高校应加强对国际普通学术期刊的认可度"；"普刊的奖励不应低于国内的普刊" |
| 了解国际领域的动态，选择合适话题，认真写作 | 2（2.9%） | "我觉得大家应该多了解国际领域的动态，选择合适的话题研究"；"研究国际学术期刊的选题和写作风格，认真写作，选择性投稿，认真按审稿意见修改，坚持不懈" |

续表 5.23

| 建议 | 人数（%） | 调查对象作答例子 |
| --- | --- | --- |
| 设立科研岗 | 1（1.4%） | "通过设置科研岗，减免教学量、加大对发表论文的奖励，而激励科研积极性" |
| 科研奖励要高于教学奖励 | 1（1.4%） | "校级科研项目经费和科研奖励高于校级教研经费和教研奖励标准，使教师更乐意搞科研、乐于原创。否则，发表国际期刊论文的动力不及搞搞所谓的教学改革，搞科研在地方院校很难有市场" |
| 团队建设 | 1（1.4%） | "团队的建设比无谓的'论文'呼号的编写更为重要"① |
| 辨别劣质的国际期刊 | 1（1.4%） | "不能是国外的期刊就认，很多人花钱发特别差的期刊，还能得到奖励，这对那些对自己有要求的老师不公平" |
| 敢于投稿 | 1（1.4%） | "要敢于投稿，积累经验，久战必胜" |

从表 5.23 可见，除了个别建议，如"了解国际领域的动态，选择合适话题，认真写作"，"敢于投稿"等是针对教师个人的建议，大多数建议是面向高校管理层，呼声较高

---

① 原文表述。

的是组织培训、鼓励支持参加研修或国际学术会议，提供学习平台，提供文献资源和投稿信息，以及持续或加大激励力度。有教师提出"需要领路人"，需要"深入地，有系统地就选题、实施、文献阅读、成文进行探讨、分析与纠错"等方面培训。可见，很多教师本身有着开展研究、投稿国际期刊的想法，然而囿于知识能力不足，以及在学术写作和国际发表方面缺乏经验，需要外在力量的支持和引导。很多教师认为"资助教师赴境外研修或参加学术会议是提升教师发表国际学术论文能力的最好方法"。这表明，教师本身也意识到参加国际学术会议能够打开视野，了解国际前沿研究、参与国际学术对话对在国际学术期刊发表论文非常重要。也有教师提出职称评审不应该与论文发表挂钩，即不能过分强调科研，轻视教学，可以设立科研岗位来界定教师的工作重点。此外，学校的政策应考虑文理科的学科差异，在评审职称和绩效考核方面要区别对待。以上意见大体反映了高校教师日常热议的话题和心声，体现了外语教师所感受到的科研压力。

## 5.3 讨论

本章汇报了高校外语教师科研活动、科研观念与态度、科研动机、科研产出等方面的调查分析结果，本调查结果印证、补充了相关的前人研究结果。首先，本研究参与教师的教学工作量（如57.3%的教师每周授课时数8~12节）与周燕（2007）的调查研究结果（55%的教师每周授课时数8~12节）基本相符，工作量稍低于戴曼纯和张希春

## 第 5 章 问卷调查：高校外语教师的科研动机与国际学术论文发表

(2004) 所统计的工作量（如 61.6% 的教师周课时数 12 节以上）。这大概由于周燕 (2007) 和本研究的对象均为高校外语教师，即包括为英语专业和非英语专业学生授课的外语教师，而戴曼纯和张希春 (2004) 的研究对象则是从事大学英语课程教学的教师，即传统意义上任教公共英语的教师。一般来说，非英语专业学生在大学一、二年级需要修读大学英语，因此这一学生群体的数量远多于英语专业学生的数量，所以大学英语课程的课时量大于英语专业课程的课时量。而总体上，相对于其他专业的课时量，外语教师的教学工作量繁重是不争的事实（夏纪梅，2006）。在科研论文发表方面，本研究发现，外语教师在国际学术期刊发表的论文数量偏低，在国内 CSSCI 期刊的论文发表情况（人均 1.61 篇）与戴曼纯和张希春 (2004) 的调查结果（国内核心刊物论文人均 1.46 篇）接近，可见，外语教师在国内外高质量期刊发表论文的情况仍不理想。

问卷调查结果表明，参与教师对科研之于教学的作用大部分持积极态度，只有小部分人（24.9%）认为科研对教学没作用或没明显作用。而且，认为科研的作用在于丰富和深化教育教学理念的教师显著多于认为科研能够直接影响教材和教学内容的教师。这一结果说明，受访教师能够客观认识科研的理论指导作用，而不是盲目认为科研直接作用于教学，这一认识非常重要。因为虽然很多学者认为教学和科研存在"共生关系"（Neumann, 1992: 159; Wei et al., 2007），但是，不能简单认为研究发现可以直接用于日常教学实践中。正如 Borg (2013) 所指出的，试图从研究论文中找到解决本土教学问题方案的教师过于简单看待科研和教学的关系。Borg（2013）和顾佩娅等（2014）的研究都表明，持这种观点的外语教师终将失望，并对科研产生信念上的动摇。

为了有效测量科研动机，本研究通过因子分析确定了外语教师科研动机量表的测量维度，该量表测量了内部动机——内在兴趣与追求，以及外部动机的3个下位概念：认同调节——自我实现与社会责任、摄入调节——社会声望与认可、外在调节——职称晋升与绩效。这与谢玉华等（2014）的因子结构不同，谢玉华等（2014）的研究只是采用了内部动机和外部动机这对概念，在判断和命名因子概念时并没有纳入自我决定理论（Decy & Ryan, 1985）中这2种动机的下位概念。本研究遵循应用语言学领域的研究惯例（Noels, 2001；参见 Peng, 2014），以内部动机和外部动机的下位概念命名因子，使研究结果能为动机理论体系提供实证证据。

本研究发现，参与教师的动机水平从高至低依次为外在调节——职称晋升与绩效、认同调节——自我实现与社会责任、内部动机——内在兴趣与追求、摄入调节——社会声望与认可。晋升和绩效这一动机最强，与现有很多文献相符（Bai & Hudson, 2011；Xu, 2014；谢玉华等，2014）。由于目前高校教师的评价系统给予科研很大的比重，教师们为了晋升和绩效而面临巨大的科研产出压力，可以想象，其科研行为是个体为了遵循外部规则而产生的，所以外在调节特征非常明显。处于第二高水平的是认同调节——自我实现与社会责任，这一结果与谢玉华等（2014）的结果相符。谢玉华等也发现其调查对象在获得知识和提升科研水平方面的动机最强，其次是社会责任和贡献。可见，高校外语教师作为高

问卷调查：高校外语教师的科研动机与国际学术论文发表　　第 5 章

层次专业人才，对自身专业水平和职业发展有着高期待值。周燕（2007：65）的研究也发现 47% 的受访对象把教学作为自己的事业，只有 20% 的人"只把教学当作自己的一个饭碗"。因为科研是教师专业发展的必然部分，可见只要有一定职业理想的高校教师都会具有获得知识、更新知识结构、提升科研水平的理想。同时，高校教师享有较高的社会声望，高校教师代表着当代社会高教育层次、高技术能力的专业人才，肩负着为时代发展、社会进步、培育人才做出贡献的重要历史责任。从调查结果看，高校教师显然认识到这一历史责任以及背负的社会期望，将其纳入自我的一部分，所以认同调节——自我实现与社会责任的水平也相对较高。此外，参与教师的内部动机——内在兴趣与追求处于第三水平，这一结果可以理解。大体很少教师能够天生对科研产生内在兴趣，所以比起晋升等外部因素，源自内在兴趣的动机水平会较低。然而，随着外语教师学历的提高，尤其很多外语从业教师从国内外知名大学取得了硕士或博士学位，接受了正规严谨的科研范式的训练，其专业知识和能力的提升以及视野的拓宽会促使其对科研活动产生兴趣，当取得一定科研成果时，其更能加深对科研的热爱。因此，本调查发现，参与教师具备中等水平以上的内部动机（均值为 3.05，占总分 5 的 61%）。相对于其他维度，摄入调节——社会声望与认可水平最低。谢玉华等（2014）也发现其调查对象的科研成就感最低，本研究中社会声望与认可水平和社会成就感在概念上接近。这一结果大概由于总体上外语教师的科研能力较弱，科研产出较低，除了少数能力强、有抱负的教师，大多数人可能不大会期望通过科研提高自己的社会声望。

研究也发现，人口统计学特征对科研动机有着不同程度的影响。首先，男性教师的内部动机——内在兴趣与追求、认同调节——自我实现与社会责任、摄入调节——社会声望与认同都显著高于女性教师，而女性教师的外在调节——职称晋升与绩效显著高于男性教师。这一结果与谢玉华等（2014）的研究结果不谋而合，表明男性教师从事科研更多是因为对科研有兴趣以及通过科研实现和履行社会责任，而女性教师从事科研更多是来自晋升等外部压力。这或许可以从两性差异以及其在社会生活中的角色差异方面解读。传统上，与男性相比，女性除了工作之外需要照顾家庭，繁重的教学任务和家庭责任会占用大部分时间，而从事科研需要查找和阅读大量文献，实地调研及收集数据，撰写及修改论文等，很多女教师在应对繁重的家庭和教学任务之余，难以开展这些科研活动，只有面临职称晋升压力时才会不得已而为之。刘英爽（2013）的研究也表明，女性的职业倦怠感显著高于男性。这一结果值得深思，因为基于学科特征，高校外语教师中女性的占比很大，总体上高于男性比例，如何创造条件激发女性教师对科研内在、持续的动机以提升外语学科的整体科研水平是值得思考的问题。

此外，"211/985"高校的外语教师和其他类型高校的外语教师在科研动机各个维度上均不存在显著差异，这与谢玉华等（2014）的结果既相似也有不同。谢玉华等（2014）发现总体上"211工程"大学的教师与其他大学的教师的内部动机和外部动机没有显著差异，而"211工程"大学的教师在内部动机的获得知识和提升科研水平，以及外部动机的科研奖励和荣誉方面显著高于其他大学的教师，这可能由于谢玉华等（2014）的研究对象为高校教师，而不是外语教师，其研究对象在科研能力、科研产出方面可能总体上高于外语教师，因此部分动机维度上"211/985 工程"大学的教师会呈现出更高的动机水平。

研究也发现，科研动机在年龄、学历、职称等方面存在不同程度的差异。事业上升期（30～39 岁）和事业成熟期（50 岁及以上）的外语教师在实现自我和履行责任方面的动机更强，年轻的教师在获得社会声望和同行认同方面的动机更强，而 40～49 岁年龄段的外语教师在晋升和绩效方面的科研动机最为强烈。这些结果从教师个体的职业发展阶段方面分析是可以理解的，当前能够进入高校任教的年轻教师一般都具有博士学位，迫切需要获得同行认同，而年龄稍长的教师在科研教学方面已有一定积累，在提高自我和社会责任方面的意识会更强，而处在 40～49 岁年龄段的教师很多面临晋升高级职称（副教授或教授）的压力，因此外在调节动机更强烈。谢玉华等（2014：159）的研究也表明"年龄越大，科研社会责任和贡献的意识越浓"。

关于学历的影响，本研究发现一个总的趋势是博士研究生在内部动机——内在兴趣与追求、认同调节——自我实现与社会责任、摄入调节——社会声望与认同等方面动机水平最高，硕士研究生水平最低；在外在调节——职称晋升与绩效方面，本科生动机水平最高，博士研究生水平最低。这一结果说明，学历水平越高，越可能对科研产生兴趣并将科研内化到自我的一部分，而本科学历教师的科研动力可能更倾向于为了晋升和完成绩效考核任务。刘英爽（2013）和李文梅（2016）在高校外语教师中开展的研究也表明，博士的科研倦怠感显著低于硕士。谢玉华等（2014：159）的研究发现不同学历之间的动机水平没有显著差异，这可能由于研究对象不同。相对其他学科，高校外语教师的学历偏低（戴曼纯、张希春，2004），外语学科的博士研究生教育滞后（汪晓莉、韩江洪，2011），比起其他专业的教师，外语教师获取更高学历的困难更大。因此，其学历对科研动机的影响会有差异。

本研究也发现，在外在调节——职称晋升与绩效方面，讲师的动机水平显著高于副教授和教授，而在认同调节——自我实现与社会责任方面，讲师显著低于教授。这一结果表明，讲师是外语教师队伍中对晋升和绩效具有最迫切诉求的群体，因为讲师在职业梯队中具备一定专业水平而仍有很大职业上升空间，而高级职称评审的标准会更高，因此讲师的外在调节动机最强。教授已经处于梯队的高位，具备较为坚实的专业水平和实力，他们可能更多是为了提升自我以及服务社会而开展研究。谢玉华等（2014）的研究也表明在内部动机及其各因子方面，教授高于副教授，副教授高于讲师；而在外部动机如职称晋升、获得科研奖励和荣誉等方面，讲师高于副教授，副教授强于教授。李文梅（2016）的结果也表明，教授的科研倦怠显著低于其他职称的人群。

本研究通过因子分析确定了科研动机量表和国际学术论文发表影响因素量表的因子结构后，分别探讨了其与论文发表的关系。结果发现，学历和职称是实现国际发表零突破的关键因素。在国际期刊已发表过论文的教师中，内部动机——兴趣与追求同国际学术论文发表篇数呈显著正相关关系，表明内部动机的重要性。可以想见，高校外语教师日常

## 第 5 章 问卷调查：高校外语教师的科研动机与国际学术论文发表

要应对繁忙的教学工作、学校院系的服务工作以及生活中的纷繁事务，而研读文献、收集数据、撰写学术论文等科研活动耗时费神，只有内心真正喜欢科研、将科研纳入自我概念的教师才会挤压空余时间，持之以恒并产出优秀的科研成果。正如 Kallio 和 Kallio（2014：574）所说，科学研究是"创造性的、知识密集型工作"，需要的是研究者的内部动机。而外部动机的认同调节——自我实现与社会责任同国际论文发表篇数显著负相关。这一结果表明，对于在国际期刊已发表过论文的教师，如果其科研动机在自我实现或社会责任方面较强，其在国际学术期刊发表的论文反而较少，这可能由于优秀论文要经过审稿、退修（及再退修）、重审、刊出等过程，这些过程通常时间跨度很大，需要付出大量精力，迫切需要通过科研实现自我的教师，其动机可能会驱使其选择其他渠道实现目标，因此在这些期刊上发表的论文数量会越少。在 CSSCI 论文发表方面，只有外在调节——职称晋升与绩效同其存在显著负相关关系，这大概由于在 CSSCI 期刊发表外语学科的论文难度很大，从初次投稿到收到拒稿或录用信息往往要 3 个月以上，因此职称晋升和绩效方面动机强的教师，本着不可一稿多投的学术原则，可能会避开 CSSCI 期刊而选择竞争性相对较小的期刊发表论文，因此这一动机维度与 CSSCI 论文篇数成负相关关系。

在国际学术论文发表影响因素的 4 个因子中，国际期刊与研究了解度，以及院系科研氛围与国际期刊论文零事件显著负相关，表明对国际期刊与研究越是了解，院系科研氛围越浓，教师越能够实现国际发表零的突破。在国际期刊已发表过论文的教师中，英文写作水平与经验、社会资源与时间则同国际期刊论文发表篇数显著正相关，这些结果值得思考。国际期刊与国内期刊的论文从语言到范式上都有着很大不同，除了要使用非母语（大多是英语）进行写作外，英文学术写作还需遵循西方的体例和语篇范式，比如演绎性论辩、严格的文献引用规范、详尽的文献回顾和讨论文字等，这与国内期刊论文的差异很大。Li（2007）引用 Lave 和 Wenger（1991）的情景学习理论，认为初学英文学术写作的人如同一个学徒，需要在具体的实践共同体里跟随有经验的专家，通过边缘性参与，逐渐获得相关知识和技能。也就是说，学术写作是一个社会建构的过程，如果教师缺乏对国际学术期刊论文范例的了解和实践经验，院系也缺乏相关的科研气氛，教师缺乏在实践共同体里通过参与进行学习的机会，要成功在国际期刊发表论文是困难的。值得一提的是，在 CSSCI 论文发表方面，只有学历和职称与其显著相关，以上 4 个影响因素都与其无显著关系。这一结果可以理解，因为相关题项描述的就是对国际期刊论文发表的影响因素。此外，值得关注的是，本研究超过六成的受访对象认为自己缺乏社会关系，在 Xu（2014）的研究中，104 名国内高校外语教师中有 30 名提到了发表文章太难，需要有社会关系等。Shi 等（2005）对国内顶级期刊的 6 位主编的访谈也发现，主编在处理朋友、熟人投稿时会面临友情和公正的两难选择。鉴于以上结果，将在后续访谈研究中进一步探讨社会关系对论文发表的作用。

从 146 名调查对象对问卷开放题的回答可以看出，外语教师对待科研以及在国际学术期刊发表论文的态度和看法各异，其中不乏希望积极参与国际学术对话的教师，他们有科研需求，但是缺乏引领，缺乏对国际研究信息源的掌握等。调查对象的反馈很大程度上印证了顾佩娅等（2014：55）使用叙事研究方法所得到的结果，即高校英语教师对科研持复杂心态，既感到惭愧有压力，也在努力提高自己；既对科研的价值感到迷茫，也渴望学校的"科研政策更人性化，而不是量化的"。

## 5.4 小结

本章详细汇报了对问卷调查各个部分的描述统计和推断统计结果：高校外语教师的科研活动、科研观念与态度、科研动机水平及其与论文发表的关系，以及国际期刊论文发表影响因素及其与论文发表的相关关系。本章最后结合相关理论和文献对调查结果进行了阐释。通过对问卷调查的详细分析，对调查对象的科研观念和态度、动机以及关于国际学术论文发表方面的建议和意见获得了宏观层面的了解。下一章将以人类发展生态学作为理论框架，详细汇报第 3 阶段的教师访谈、主编访谈、高校科研管理部门负责人访谈等的研究结果。

# 第 6 章 质性访谈研究：方法与步骤

为了多方位探索影响高校外语教师国际学术论文发表的因素，在完成大规模问卷调查后，对高校外语教师、国内外权威期刊主编、高校科研管理部门负责人进行了半结构性访谈，以获取多渠道、多视角的数据，对研究结果进行三角验证。本研究以 Bronfenbrenner（1979，1993）的生态系统理论作为分析框架，将定量调查数据和质性访谈数据整合到该理论框架，并从生态系统角度解读研究结果。为避免重复汇报数据，本章质性研究问题的提出以及后面几章的研究结果汇报，将按照 Bronfenbrenner 的嵌套式生态系统结构，即从微系统、中间系统、外系统、大系统等 4 个层级展开。本章介绍质性访谈研究的相关信息，包括研究问题、研究对象、数据收集与分析方法等内容。

## 6.1 研究问题

本研究按照 Bronfenbrenner（1979，1993）的生态系统框架，探讨影响高校外语教师国际学术论文发表的各种因素，因此，虽然国际学术论文发表是研究重点，在调查和访谈中也对其他相关因素进行了深度挖掘。由于微系统和中间系统围绕着外语教师展开数据收集,而外系统和大系统包含无数因素,因此对微系统和中间系统的因素主要从访谈文本数据中归纳得出,而对外系统和大系统的探讨则围绕预设与本研究相关的特定因素展开,具体研究问题如下:

(1) 在微系统中,影响高校外语教师国际学术论文发表的因素有哪些?

(2) 在中间系统中,影响高校外语教师国际学术论文发表的因素有哪些?

(3) 在外系统中,学术守门人(期刊主编)和学校政策对高校外语教师国际学术论文发表的影响如何?

(4) 在大系统中,国家宏观政策、学术文化话语导向、国际学术发表态势对高校外语教师国际学术论文发表的影响如何?

## 6.2 访谈对象

### 6.2.1 高校外语教师

为了进一步了解高校外语教师的观念、经历和想法,在前阶段的调查问卷末尾,告知调查对象在后期将进行半结构访谈,邀请有兴趣参加访谈的教师留下电子邮箱或者电话等联系方式。在完成问卷数据的分析后,在已留下联系方式的调查对象中,综合考虑教师的年龄、职称、学历、国际期刊论文发表经验等情况,通过电子邮件或电话方式邀请相关教师参加访谈,最后有 10 位教师参加了访谈。10 位访谈对象的信息如表 6.1 所示,教师的名字以"T + 编号"显示。参加访谈的教师中 3 位是男性,7 位是女性;年龄介于 30～51 岁,受教育程度在硕士以上,职称为讲师或副教授,其中 5 位访谈对象在实行同行评议的国际学术期刊发表过论文。

表 6.1 参加访谈的高校外语教师的信息

| 教师 | 性别 | 年龄 | 教育程度 | 职称 | 高校类型 | 在实行同行评议的国际期刊发表的论文数 |
| --- | --- | --- | --- | --- | --- | --- |
| T1 | 女性 | 33 | 博士 | 副教授 | 国家重点高校[a] | 6 |
| T2 | 女性 | 36 | 博士在读 | 副教授 | 普通高校 | 2 |
| T3 | 女性 | 38 | 博士在读 | 副教授 | 国家重点高校 | 3 |
| T4 | 女性 | 30 | 博士 | 讲师 | 国家重点高校 | 6 |
| T5 | 女性 | 44 | 博士 | 副教授 | 普通高校 | 0 |
| T6 | 女性 | 33 | 教育硕士 | 讲师 | 普通高校 | 0 |
| T7 | 女性 | 32 | 博士 | 讲师 | 省重点高校 | 0 |
| T8 | 男性 | 32 | 博士 | 讲师 | 省重点高校 | 5 |
| T9 | 男性 | 44 | 博士在读 | 讲师 | 省重点高校 | 0 |
| T10 | 男性 | 51 | 文学硕士 | 副教授 | 国家重点高校 | 0 |

[a] "国家重点高校"指"211 工程"或"985 工程"重点建设大学。

### 6.2.2 国内外学术期刊主编

为了解国内外权威学术期刊主编对我国学者尤其是外语学科研究者的看法,邀请了 5 位期刊主编参加了访谈,其中 3 位是国际语言学与应用语言学领域 SSCI 期刊的主编,其期刊在专业领域具有极高的国际影响力;另外 2 位是国内外语学科 CSSCI 期刊的主编。表 6.2 列出了 5 位主编的主要信息，主编的名字以"E+编号"显示。

表 6.2 受访权威学术期刊主编的信息

| 主编 | 期刊 | 性别 | 教育程度 | 职称 | 方式 |
|---|---|---|---|---|---|
| E1 | SSCI | 男性 | 博士 | 副教授 | 微信语音访谈 |
| E2 | SSCI | 男性 | 博士 | 副教授 | 电子邮件访谈 |
| E3 | SSCI | 女性 | 博士 | 副教授 | 电子邮件访谈 |
| E4 | CSSCI | 男性 | 博士 | 教授 | 微信语音访谈 |
| E5 | CSSCI | 男性 | 博士 | 教授 | 微信语音访谈 |

### 6.2.3 高校科研管理部门负责人

为了从高校科研管理部门的视角了解高校对教师论文发表的激励政策等信息，邀请了 2 位高校科研管理部门的负责人参加了访谈，2 位均为男性，其中一位来自"211 工程"大学（访谈对象编码：G1），另一位来自省重点高校（访谈对象编码：G2）。

## 6.3 研究工具

访谈以半结构方式进行，半结构访谈的优点在于研究者能够在既定问题的框架基础上，给予受访者自由陈述自己观点和看法的机会，研究者能够在关键信息点上进行深挖（probe），以从受访人的视角更深入地解读问题（Dörnyei, 2007）。本研究对高校外语教师的访谈提纲是在 Feng 等

（2013）和 Xu（2014）的研究基础上，结合前一阶段问卷调查结果而制定，包含12个问题，主要探索受访教师的科研动机、学术期刊论文发表经验、影响其论文发表的因素等。附件二列出了关于高校外语教师科研情况的访谈提纲。

国际期刊和国内期刊主编以及高校科研管理部门负责人的访谈提纲，主要根据 Feng 等（2013）以及前一阶段问卷调查结果而制定。对国际期刊主编的访谈，主要为了解他们期刊的基本信息（包括审稿原则、投稿率、录用率等）、他们对来自中国稿件的总体评价以及给投稿人的意见、建议等。对国内期刊主编的访谈，除了解期刊的基本信息外，也了解他们对期刊来稿的意见，对前阶段问卷调查参与教师谈及的问题以及给予教师在论文投稿方面的意见、建议等。国外期刊主编和国内期刊主编的访谈提纲分别列在附件三和附件四，高校科研管理部门负责人的访谈提纲列在附件五。

## 6.4 数据收集与分析

由于受邀参加访谈的外语教师在国内不同省份，访谈双方日常的工作安排较满，如果逐一进行面对面访谈，在时间、人力、资源等方面都难以实现。因此，经得受访人同意，在10位受访者中，1位是以面对面访谈形式进行，其他9位是以国内最广泛使用的 QQ 或微信的语音通讯工具进行，类似于电话访谈（telephone interview）。电话访谈是在国际研究上广为接受的访谈方式（Creswell, 1998; Seidman, 2013），能够使访谈双方突破地域距离的限制。访谈以普通话进行，访谈时间持续30～40分钟，征得受访人同意，对

## 第 6 章　质性访谈研究：方法与步骤

访谈进行录音。

　　同样，由于受邀参加访谈的期刊主编在国内外不同地区，而且主编们均为其学术领域的知名学者，日常事务繁忙[①]，更难以实现面对面访谈。因此，根据主编的个人选择，通过微信或电子邮件形式进行访谈，邮件访谈的步骤是将6个开放式访谈问题（见附件三）以调查提纲的形式发送给主编，他们完成对问题的回答后以邮件回复。诚然，通过面对面或者语音通话方式进行访谈能够获取更多数据，也可以对受访者的话语进行即时反应或者提出进一步问题，而通过邮件发送开放式问题，能够获取的数据相对要少。不过，从回答的内容上看，这2位国际期刊主编对调查问题做了认真、充分的回答，总体上提供了较为丰富的来自主编的视角。2位国内期刊主编则是通过微信语音功能进行了访谈。对国际期刊的3位主编（见表6.2）的访谈均采用英文，对国内期刊主编的访谈采用中文，访谈时间在20～40分钟。征得相关主编的同意，对访谈进行了录音。此外，关于高校科研部门负责人的访谈，与G1的访谈以微信语音方式进行，与G2则进行了面对面访谈。访谈以中文进行，2次访谈时长均为30分钟左右，经受访人同意，访谈进行了录音。

　　访谈结束后，对录音文本进行转写，然后将访谈文本放入质性分析软件NVivo 8进行分析。分析过程主要遵循质性内容分析法（qualitative content analysis）的步骤（Dörnyei，2007）。首先对文本进行反复阅读，利用NVivo 8对文本进行

---

① 通过电子邮件向12位国际期刊主编发出了访谈邀请，只收到了3位主编回复表示愿意参加。

注释（annotation）和记录备忘录（memo），以归纳方式对文本信息进行编码，生成各种初始的目录也即自由节点（free node）。然后在反复阅读文本基础上，根据初始目录之间的联系，对自由节点进行分解或合并，提炼出更有概括性的编码即树节点（tree node），分析树节点之间在逻辑意义和理论层面上的联系（Bazeley & Jackson, 2013）。整个分析过程以生态系统理论作指导，即在分析编码之间的联系时，根据Bronfenbrenner（1979，1993）的生态系统理论，着重分析教师在科研尤其是国际学术论文发表方面所处的生态系统。

## 6.5 小结

本章详细介绍了第二阶段的质性访谈的研究问题、研究对象、数据收集和分析等。在后面的章节，我们将根据嵌套式生态系统的结构，结合问卷调查的定量分析结果，将质性访谈的分析结果纳入生态系统的各个层级进行详细汇报。

# 第7章　微系统：高校外语教师
国际学术论文发表

　　从本章开始到第 11 章，主要汇报对高校外语教师国际学术论文发表的生态系统分析。研究以 Bronfenbrenner（1979，1993）的嵌套式生态系统作为高屋建瓴的理论框架，结合问卷调查数据和访谈数据对研究问题进行深度阐释。为了研究报告的连贯可读，在以下章节，将按照生态系统的结构，对来自高校外语教师、国际和国内期刊主编、高校科研管理部门负责人等不同视角所反映的各种因素纳入相应的生态系统进行汇报，最后归纳出高校外语教师国际学术论文发表的生态模型。以下章节引用的国际期刊主编的访谈数据均由研究者将原英文翻译为中文。

　　根据 Bronfenbrenner（1979，1993）的生态系统理论，微系统指个体身处的当下环境以及环境中与个体直接地或面对面地交互作用的各种人或物之间的关系。在本研究中，将高校外语教师的"国际学术论文发表"视为微系统，是本课题的研究重点。根据前阶段的问卷调查结果和对受访教师的访谈结果，外语教师"国际学术论文发表"这一微系统中，外语教师的科研观念和态度、科研动机、科研能力、学术写作能力与经验等组成了这一微系统重要的生态因子。诚然，需要特别指出的是，Bronfenbrenner（1979，1993）的生态系统理论是一个宏大的理论体系，研究者会根据具体研究问题对生态系统各个层次进行界定，也即生态系统的各个层次在不同研究中是不同的（如 Cross & Hong，2012；Hwang，2014；Peng，2014；宋改敏，2011）。

## 7.1 科研观念与态度

第 5 章汇报的结果显示，参与调查的教师中既有对科研持积极态度，也有对科研持消极否定态度，甚至认为文科的科研"充其量只是个沽名钓誉的工具"（见表 5.22）。然而，在访谈中，大多数受访教师对科研持较为积极的态度。不少教师认同大学教师除了教学外，应该从事科研工作。比如，教师 T1 认为：

> 因为我觉得，毕竟在高校里面当老师跟当中小学老师还是不一样。这个职位的要求不仅包括教学还包括科研。所以如果是在年轻能干、出东西的时候呢，其实还是应该多做科研，这个其实对自己本身有利，而且呢，对单位整个科研的建设情况应该也是有帮助的。(T1)

关于科研对教学的作用，10 位受访教师中有 7 位持积极态度，认为科研能够促进教学。比如，教师 T2 谈道：

> 应该说如果没有科研的支持，教学到一定程度就会停滞了，没有一个新的发展方向，现在科研也并不是说

## 第 7 章　微系统：高校外语教师国际学术论文发表

脱离教学的，很多科研项目都跟教学紧密相关，很多科研的成果也可以进一步提升教学，能够拓展教师的视野，设计出更加符合学生需要的课程来，在教材的理解、教学方法、整个课程的设计都会逐渐渗透，就是能够打开视野，[教师] 不是纯粹上好一门课，应该拓宽自己的视野，还有他们的发展前景吧。我感觉科研是能够促进教学，进一步提高教学的。(T2)

教师 T9 也认同科研与教学的相互促进作用：

我认为它们是可以互补的，它们之间不是一种对立的关系。如果一个教师不懂科研的话，那么他应该是没有高度、缺乏深度的。很多老师，特别是年轻老师，我觉得也许在口语方面，素质比较好的老师应该是没有问题的，胜过一些教授或者一些老教师。但是，如果说仔细思考的话，我还是认为，科研水平较高的教授，他对学生的影响还是会更深一些。(T9)

教师 T8 也谈道：

教学，特别是到一定阶段以后，你要反思，你要回过头来 [思考] 一些 updated 的理论，包括一些研究啊，我觉得这还是很重要的。我觉得纯粹是教学，没有科研的话，实际上会有点脱节，特别是有的人可能会在教学当中形成一种惯性，没有更新了。(T8)

教师 T3 也非常认同科研对教学的促进作用，当问及对于"科研对教学不起什么作用"这一观点的看法时，她认为这只是个别人避开做科研的托词：

> 对于这样的想法，我个人是不认同的。如果有人这样说的话，我可能只能说他教学很好，他不太愿意搞科研，就找这样一些的理由。(T3)

但是，也有教师谈到，如果教学内容和自己的研究领域不相符的话，教学会占用很多时间，从而使得用于科研的时间减少。

> 我觉得如果研究的方向跟教学是非常相关的，那可能教学对研究会有一些帮助。但如果不是特别相关的话，其实教学还是会占用研究的不少时间。比如说备课呀，都会占用相当多的时间。(T1)
>
> 因为我现在教的大学英语中的文化传播，跟文学翻译的联系不是那么具体，所以确实啊，有点游离。(T5)

此外，有教师提出做研究不应该急躁，应该沉静下来做出高质量的研究，尤其是在国外或境外获得了博士学位的教师，似乎对自己的科研质量要求比较高。如教师 T4 说：

> 虽然学院有很大的压力给我，但是我并没有像我看到的一些年轻的同事那样，很 hasty。他为了出数量，他可能会跟这边找找关系，那边主编怎么样，这边院长怎

## 第 7 章 微系统：高校外语教师国际学术论文发表

么样，通过各种关系可能快速地去出［文章］，比如说综述性的文章，马上这边一推一个 C 刊。其实是有快捷捷径可以走的，但是我并没有这么做。……我愿意按照我自己的节奏，严格地说，我［想着］要怎么去做一个 original contribution，就是不能重复去发，我该怎么样就怎么样。我认为我到目前为止还是严格按照以前 training 的要求去做的，就是按照我是一个 scholar 这样去做的。(T4)

从访谈内容可以看出，很多受访教师对自己在科研方面有比较清晰的认知，对科研持较为积极的态度，比如，教师 T4 认为自己比较适合做研究，周围的人也认为她适合做研究：

> 包括周围的所有人都觉得我适合［做科研］。因为好像我也比较善于思考吧，就是常常能在一些点看出一些东西，好像比较能够持之以恒地去做一件事情。(T4)

## 7.2 科研动机

外语教师科研动机是本研究的重要内容，前一阶段的问卷调查采用了 Deci 和 Ryan（1985）的内部动机和外部动机作为理论框架，收集并详细分析了参加调查教师的科研动机情况及对其与学术发表的关系。在访谈阶段，访谈数据也呈现了丰富的受访教师的动机图景。在以下小节，也按照内部动机和外部动机的框架，对受访教师的科研动机进行深入分析。

### 7.2.1 内部动机

访谈中，在谈及从事科研活动的原因时，受访教师中有7位教师的回答表现了内部动机，很多提到了他们对科研的兴趣。如：

> 刚开始我导师说他发文章就是对这个领域有些话想说。我当时还不太理解，后来我自己慢慢地就有一些这方面的意愿了，有些话想说，写文章可能就是最合适的途径。所以慢慢就产生了一点点兴趣。(T3)
> 
> 主要的动机，我觉得一个是兴趣吧。(T9)
> 
> 我感觉自己是越做越有兴趣了，所以也就自然坚持下来了。(T2)
> 
> 第一是兴趣，也是当初工作以后再去读博的一个原因吧。自己对 research，对科研就觉得有兴趣。(T8)

除了兴趣之外，有教师提到了做科研也是为了充实自己，并且能够在科研中获得满足感：

> 一个［原因］是充实自己。(T2)
> 
> 我觉得它就是能给我一种内心的满足感，这种满足感不是我上课或者我赚到钱能够给我的。(T7)

教师 T7 甚至提到自己太喜欢科研，希望能够从事专门的研究工作：

> 我特别希望能到一个专门的研究性机构，就上课不是主要的任务，主要的任务是做科研。就是参加这种会议、参加这种活动啊，就是以学术性为主的，研究性为主的机构。(T7)

### 7.2.2 外部动机

诚然，访谈中也发现受访教师同样具备不同程度和类型的外部科研动机。首先，10位受访教师中，有7位教师均提到职称晋升是其开展科研的动机之一：

> 现在必须读书嘛，因为自己读书的时候年龄也比较大了，回来肯定也要评职称啊，这些现实因素的影响啊，发文章对自己只有利没有害的。(T3)
> 我从事科研的话就是为了职称晋升。……说直白点就是这个。(T5)
> 再一个就是评职称，这个晋升，这不都是需要论文嘛。(T10)
> 因为我现在要做的就是上职称。可能一切都是职称论了。教学型的［教师］可能要求不是很高。要是教学科研型的话，那就需要CSSCI的。因为我没有走那个型，所以就没有特意往高质量的投。(T6)

在调查问卷最后开放题的回答中，也有不少教师谈到职称是他们发表论文的唯一原因：

> 要不是为了评职称，基本不会去发国际期刊论文。在我们这样的普通本科学校，很多对评职称都不抱希望，也就不去发表国际学术期刊论文。（问卷开放题反馈）

此外，获得课题立项也是部分教师开展科研的动机因素，当然，课题立项也跟职称评审息息相关。在访谈中，有些教师提到他们当前面临的一大挑战是获得课题立项，而从国外或境外读博归来的外语教师特别谈到了在申请课题立项时遇到了选题、格式、内容等方面的困惑和困难：

> 挑战当然有，就是申请国家级项目。……我觉得我的特点，就是写论文还 OK 吧，不是特别高产，但是我基本上写出来一篇，不会被人批得不像样，还能拿出手。但是我就不会写项目申请这些东西，我觉得这是我目前最大的一个挑战。……我现在的感受就是，你没有拿到国家级项目就很难站稳脚跟，我现在没有拿到这个东西就没办法 claim 我的 identity。（T7）

> 通过博士的学习，我在自己的 topic 上算是比较了解国际前沿的，自己也有发文章的经验。我认为这些［论文研究］可能是国际期刊或者我自己感兴趣的。可是我发现它们并不是国内申请课题能中的话题，我就觉得非常的矛盾。一方面单位需要我出文章，尤其是国际期刊的论文。但另一方面又希望我去拿课题，最好是国

## 第 7 章 微系统：高校外语教师国际学术论文发表

家的课题。但是国家的课题那些专家，其实说实话他们未必会一直去看国际文献，他们喜欢的东西可能是直接很接地气的，可能是他们一眼看上去跟整个中国社会连得很近很重要的，不一定是像我们之前那种 research based，或者是 theory 这种推导过来的。那如果我要发 SSCI journals，我就要按我熟悉的，按国际前沿去做。可是申课题的话，我又不能按这个来，我又要重新找一个新的，但是又不是我擅长的［话题］，我就觉得现在挑战蛮大的。(T4)

除了职称评审的压力之外，评估压力和绩效考核也是教师们从事科研的外部动机之一：

这个压力来自于，一方面是我们现在那个评估，各方面的评估。(T10)

现在就感觉更像是国际的合同制。然后所谓的考核吧，……其实像国际的 assistant professor，然后又来一个三年三年的考核，其实压力也很大。(T4)

由于职称评审和考核一般是在学院层面上进行，因此来自同事竞争的压力也成为部分教师的外部科研动机，如教师 T10 说：

还有一个就是同事之间的竞争啊，这不也是一种压力吗？(T10)

如果从 Deci 和 Ryan（1985）的动机理论分析，以上因素大致属于外部动机的外在调节。此外，访谈数据也显示，受访教师的外部科研动机呈现出认同调节特征。如前所述，认同调节动机的特征是个体较为认同活动本身的价值，并将此纳入对自我的评价。比如，有的教师表示做科研是为了实现自己的价值，获得一定的成就感：

> 现在是属于青椒阶段，就是职称要是上了，工作待遇就上了，这也是一种自我价值的体现。特别是博士读完以后，我觉得这个需要就更高一点，逼着自己做一些东西。(T8)
> 如果说有一点新的东西的话，我会觉得特别高兴，就是特别开心，有成就感吧。(T4)

值得一提的是，访谈数据显示，教师会同时具备内部科研动机和外部科研动机，这两种动机之间更多的是一种并存关系而不是此消彼长的关系。但是，结合定量和质性数据，可以看出，总体上本研究的调查对象的外部动机强于内部动机。巧合的是，两位参加访谈的教师也明确表达了自己较强的外部科研动机：

> 主要是工作上的科研压力吧。因为现在申请项目要求你有前期的成果。然后呢，如果是要想职称上有晋升啊，单位也会要求有一些论文发表。……应该说外部动机可能占了60%。(T1)
> 可能内部的 interest 有40%，外部的话可能有60%。(T8)

更重要的是，数据显示，外语教师的科研动机并不是一成不变的，随着教师不断坚持科研活动，外部动机会向内部动机转化。如教师 T3 提到，一开始做科研的动机是为了保住自己的教职，后来却产生了兴趣：

> 最开始是为了保住职位，然后呢，对这个领域了解，读进去之后就对科研这块儿产生了兴趣。（T3）

## 7.3 科研能力

外语教师的科研观念与态度、科研动机等属于个体心理范畴的因素，相对而言，教师的科研能力应该是影响其科研论文质量以及是否能成功发表的重要因素。如第 5 章所汇报的，很多教师反映自己缺乏科研能力，这在教师的访谈数据中也有体现。比如，在谈到科研中所遇到的挑战时，教师 T5 提到了自己的理论高度不够，对理论理解得不够深入：

> 因为最新理论支持方面总觉得自己做得不够好。……因为我觉得我的理论高度始终都不够。（T5）

也有教师提到自己缺乏对研究方法的掌握，从而影响了科研的开展以及论文发表：

> 就是所谓那个研究方法嘛，一个是因为看到了一些问题，但是不知道从哪里切入。第二个，就是别人，就

> 比如说 Language Learning 上面发表了很多文章，但文章上面有很多的数据根本就看不到，他虽然说的是通过 SPSS 那个来处理，他运用了他的解释，但是很难理解，就是说对统计学有点畏惧，没学过。（T10）
>
> 主要就是对研究的方法都没有入门，难以去选题或者开展研究。（T9）
>
> 因为我们不了解人家写作的逻辑，然后呢我们对于语料和方法的处理可能会不到位，所以我觉得这个肯定是需要经历，就是你需要读，去钻研，最好是有一些人来指导。（T7）

除此以外，也有教师提到外语教师本身缺乏思辨能力，因此制约了其科研发展：

> 再一个呢就是我们外语有很多老师，也包括我，那个思辨的能力和论证的能力、逻辑推理能力，相对来说比那个像哲学系啊，伦理学啊，或者是美学啊这些专业的老师写出来的文章就差远了。所以说人家不采用我们的文章呢，也是情理之中的。（T10）

除了外语教师认为自身科研能力不足，受访的主编也对此表达了相近的评价。如，在谈到稿件质量时，主编 E4 提到，目前很多外语教师出于外部压力做研究，写出来的文章质量不高；而主编 E5 提出，很多外语教师没有在学术上进行继续学习，因此写出来的论文存在较多问题：

## 第 7 章　微系统：高校外语教师国际学术论文发表

我觉得真是很有见地、很有看法的文章可能比例不是很大，很多都是那种你说他方法吧也没有什么问题，你说他文章也没什么问题，但是你说真的有什么东西也没有，就是说有亮点的东西。……不是所有人都有能力去写文章的，这个问题是说因为你搞那职称啊，搞那个评估啊，搞那个考核啊，有很多文章是没有什么质量的。(E4)

因为做研究的话，很多老师不跟进，比如说一些前沿性的话题，他不再学习新的东西的话，就吃老本，这种现象还是比较多的。所以文章的话，看上去量很大，但是很多文章质量、选题都不好。所以普通老师现在要发文章比较难，他没有专门的学习和学术跟进的话，的确很难进步。现在跟以前情况不太一样了，现在写文章的人多了，科研意识也强了，各个学校的要求也都高了。(E5)

在谈及高校外语教师的科研和学术发表时，两位高校科研部门的负责人也谈到，相比其他人文学科，外语教师的论文发表相对较弱：

表现出来的现象就是这样，不一定说［外语教师发文能力］弱，但是从目前发文和项目来看确实存在比较弱的情况。(G1)

外语不要说跟理工科来比，跟同样的人文社科方面的比如说管理学科，文学的中文，新闻，跟这些来比的话，在量的产出方面，是有劣势的。(G2)

两位科研部门负责人也认同国内与国际的语言学科研究之间的差异以及对国际研究的关注不够等是影响外语教师学术论文国际发表的重要因素：

> 可能因为其实国际上语言研究，跟我们国内的语言研究还是存在一定的差异，所以他要在国外的期刊发文章可能还会有一定的难度。……我们国内做语言学研究跟国际做语言学的接轨可能还不是很好。(G1)
>
> 外语研究的话，我跟一些老师接触，他们反映说这个面比较窄，成果产出的平台偏少，可能主要是关注国际上的研究不够，从我们学校来看，产出量偏弱。(G2)

## 7.4 学术写作能力与经验

在高校外语教师国际学术论文发表这个微系统中，学术写作能力与经验也是非常重要的生态因子，尤其是英文学术写作水平和英文学术期刊的投稿经验等。在前阶段问卷调查中也发现，对国际学术期刊和前沿研究的了解度与国际期刊论文发表显著相关。在访谈中，很多教师提到了因为国际期刊绝大多数使用英文，需要在学术英语写作方面具有一定能力：

> 我觉得首先就是英语要写得真的是好才能投出去。因为呢，怎么说，就是英语不好的话可能主编他也会觉

## 第 7 章
微系统：高校外语教师国际学术论文发表

得很头痛。嗯，这语言好首先是第一点吧。(T1)

去年也参加了一个学术会议，有一个期刊的 editor 他也谈到这个问题，他谈的问题其实是说，相对在 language 上，更多的 reviewer 可能会 focus 在 content 上，但是据我自己的经历，有时候投稿，那个 reviewer，包括那个 editor 给我的 feedback，很多都会说"诶，你的 language 是有问题的"，就是被 accept 以后，也说你的 language 要去 improve。(T8)

有一些人会说语言问题影响了我们的国际发文，我个人也觉得语言问题是很重要的一个因素。(T3)

相对来说，在国外或境外获得博士学位的教师，大概由于经历过全英学术环境的历练以及使用英文完成博士论文，对于论文写作中语言方面的担忧会相对较小：

我觉得比如说英文的思维方面我觉得我问题不大。语言的话可能个别的 wording 吧。但是基本上我现在已经能够做到一个人去写自己的文章，full-length article 吧，可能八千到一万字。我看这次我投的，editor［的反馈］也就是当中的一些 wording 可能有要稍微改一改，但是问题不大。(T4)

为了对语言所起的作用作进一步探讨，在访谈中也请国际期刊的主编谈了相关看法。3 位国际期刊主编都提到了作者需要对论文稿件从语言、格式等方面进行仔细编辑，如果不符合规范，会给主编和审稿人留下差的印象：

写作质量要高，需要的话寻求文本编辑服务。
(E2)

找别人给你看一下稿件，要尽可能编辑好稿件。
(E3)

对于稿件的语言、格式等方面，国内期刊主编也提出作者应该严谨对待，主编 E5 就谈到好文章有很多共性，其中一个就是"语言文字表述简洁清晰，可读性强"，而且作者要有耐心，应该把文章修改成熟才投出去。主编 E4 指出，有些教师在被别的期刊拒稿后，对稿件不加任何修改就直接转投其他期刊，反映出作者缺乏应有的对学术的严谨态度：

有的文章它写了半天不知道它在写什么，这种写作技巧，写作能力太弱，拉拉杂杂的，也是一个问题。……另外作者写稿的话不要写好之后马上投稿。(E5)

为什么刚才说格式有时候不符合我这个刊物的话我看了不舒服呢，是你不够严谨，就是你给我投稿你应该改过来，你这么马大哈这么不负责任就会让人怀疑你里头会不会有些论述有些方法不一定是合适的，因为你不在意，不 care 啊，有可能的，你会对这个作者没有信心。(E4)

可见，无论在国际期刊还是国内期刊主编看来，语言质量和格式规范是一篇高质量科研论文必须具备的特征。至于中国学者是否因为英语不是其母语而会处于劣势，主编们认为这会是一个问题，但是可以通过自身努力和寻求文本编辑

## 第 7 章 微系统：高校外语教师国际学术论文发表

的商业服务来解决：

> 我的意思是绝大多数英语为非母语者，就算英语为母语者，[在论文中]都会存在语言问题。这些人可以去找商业服务来解决问题，比如作些编辑或校对。但是很多非母语者的问题是他们写的东西是连论文编辑员或校对员也看不懂的，这个时候可以考虑跟有英文论文发表经验的学者合作，看能否产出更容易被接受的稿件。(E1)

此外，英语学术论文写作方面，经验积累非常重要，没有经常进行英文学术写作和投稿的教师，会在国际期刊论文发表中感到特别困难。正如第 5 章的问卷调查所汇报的，很多参加调查的外语教师并不认为自己的英文水平低，而是认为自己对学术期刊不了解、在学术期刊发表论文方面缺乏经验。在半结构访谈中，受访教师也不约而同提到这些因素：

> 你要了解国际期刊发表的规则，还有国际期刊对学术英语的水平有较高的要求，国际期刊的范例很多还是和国内不一样的。(T9)

有国际期刊投稿经验的教师也指出，相比语言方面的挑战，更重要的是学会如何处理审稿专家提出的意见：

> 很多人认为写文章很难，其实你要真正有经验的话，[更难的]是如何很有效地去 address reviewers'

comments。……特别是在那种，给你一个 major revision 的时候，你是处在 taking risk，你要 respond 得好，而且改得好，又不违背你自己的初衷，又符合他们的设想，其实是很一个 skilled 的东西。有的时候他们提出的，哪怕是一些有名的作者，他们提出的东西，可能未必是你 originally 想做的。但是你又要发表，这时候你要怎么去折中？(T4)

过程、经验，我觉得还是经验。因为包括从选题，对一件事情怎样发表自己的看法啊，怎样跟评论的人，跟他 communicate 啊。现在我觉得还是挺重要的，就同一件事情不同的表达方法，可能别人的接受程度和理解程度是不一样的。(T3)

同时，很多受访教师也表示，经历过向国际期刊投稿后，不管成功发表与否，都有较多收获，特别是主编反馈的详细的评审意见对自己的帮助较大，在此过程也增加了信心。比如，教师 T7 在访谈中表示，自己在国际期刊投稿的经历对她的触动和帮助较大：

就是消除了一种由不了解所产生的不自信吧。比如说我们都觉得 SSCI 谁能发呀，太厉害了，可望不可及，就不敢动手。……我真的是这么觉得，SSCI 其实没有咱们想象的那么恐怖，它没有这么难。(T7)

可能写作的措辞方面，需要改动很多，国际期刊编辑他们的工作非常认真仔细，虽然我交过去只是一篇小小的书评，但是他们改得很认真，然后反复地修改，要

# 第 7 章 微系统：高校外语教师国际学术论文发表

我反复地修改，修改到最佳状态，才给我发表。在修改过程中，我也觉得自己学术写作方面有提升，这点是国际期刊的编辑做得比国内期刊的编辑胜的地方，做得更仔细吧。(T2)

当时我没有什么经验，就是觉得，editor 会帮我改，……反正后来我是挺开心的，也许这也是促使我以后再写写文章，后来去读博的一个原因吧。(T8)

## 7.5 讨论

本章基于 Bronfenbrenner（1979，1993）的人类发展生态系统理论模型，分析了高校外语教师国际学术论文发表微系统中外语教师对科研的观念和态度、科研动机、科研能力、学术写作能力与经验等影响因素。研究发现，教师对科研的观念和态度对其科研活动和学术论文撰写具有重要作用。也就是说，如果教师个体对科研活动和论文发表的价值和意义并不认同，就不大可能会为之付出持续努力。从本研究的定量和访谈数据来看，很多教师较为认同科研对教学的促进作用，诚然，也有个别教师认为科研对教学的促进作用不大，甚至是"沽名钓誉"之举。究其原因，大概由于有些教师对科研有着不切实际的理解，尤其在外语学科，很多论文研究是根据某个理论、某种教学方法等在外语课堂里开展的，教师们会因此认为科研能够直接指导教学。然而，虽然很多学者提出了教学与科研存在"共生关系"（Neumann，1992：159）（见 5.3 小节），但是科研的理论指导与教学的实践操作之间并非直接互通，理论是基于具象事件提取的抽象概括，实践是特定环境、情景下的具体操作，而课堂教学中每一个班集体、每一个学生都存在个体差异和班级文化差异（Peng，2014）。因此，科研能够提升理论认识和拓展视野，而日常教学的开展，仍然取决于教师、学生和其他课堂情景因素；也就是说，科研为教学提供"源头活水"，教学丰富和推动科研。教师应该对科研与教学的关系有清晰的认识，以培养对科研的积极的观念和态度。

  本研究发现，总体上调查对象的外部科研动机高于内部科研动机，这与很多相关文献一致（Bai & Hudson，2011；Xu，2014；谢玉华等，2014），也反映了高校教师应对职业发展挑战的心理状态。正如访谈中教师所提到的，目前职称评审、绩效考核等都以论文为重，解决这些当务之急自然成为他们开展科研的动机。此外，申报高级别如国家级课题也是教师科研动机的重要组成部分，来自重点高校的教师尤其感受到这方面的压力。从访谈中凸现的一个问题是，国外或境外大学读博归来的外语教师在科研选题和方向方面似乎需要在国际化与本土化之间寻求平衡。如教师T4谈到的，一方面自己在SSCI期刊所发论文的研究是国际学术界所关注的话题，却可能不是国家级课题所认可的对国内本土有价值的选题，导致现有成果难以支撑其申报国家级项目。也就是说，类似教师T4的海归博士可能面对SSCI论文发表与国家级项目申报之间选题意义不对等所带来的挑战。

  此外，从访谈发现，当教师切实开展科研，尤其在攻读博士学位过程中获得了专业训练后，会对科研和论文写作摸索出一些"门道"，进而发展出内部科研动机，体会到科研

## 第 7 章 微系统：高校外语教师国际学术论文发表

所带给他们的满足感，提升了对科研、对发表 SSCI 论文的信心。这些研究结果表明，外语教师在科研方面会同时具备外部动机和内部动机，这两种动机不一定此消彼长，很多学者也提出这两种动机不是互为对抗的（Amabile et al., 1994; Deci & Ryan, 2000），Amabile 等（1994: 959）的研究也发现"个体能够同时拥有强烈的内部动机和外部动机"，本研究为此提供了有力的佐证。此外，质性访谈数据进一步显示，初始的外部动机可以向内部动机转化，从而印证了动机并非一成不变而是不断动态发展的（Dörnyei, 2005）。

研究结果也发现，高校外语教师的科研能力总体上较弱。比如，在访谈中有教师提到在理论理解、研究方法和统计学知识的掌握和运用方面都很欠缺，有时候甚至读不懂国际权威期刊发表的论文。教师对自身科研能力的这种认识与受访期刊主编的观点基本一致，尤其两位外语学科 CSSCI 期刊的主编，都提到了在大量的来稿中，高质量的论文数量不多，很多教师基本不懂得如何做科研，有些教师博士毕业后由于各种原因，没有在学术上跟进，以至科研能力下降等。可见，除了改变自身对科研的认识和态度，激发科研动机以外，高校外语教师当前迫切需要提升科研能力。然而，提升科研能力不能闭门造车，还涉及其他因素，诸如导师、领路人、学术共同体等因素，这些因素将在下一章深入探讨。

在高校外语教师国际学术论文发表这一微系统中，另一个重要因素是学术写作能力与经验。很多受访教师对自己的英语水平有信心，然而由于缺乏对英文学术论文写作的规范、国际期刊投稿程序等方面的了解，未能在国际期刊成功发表论文。可见，学术英语写作并不仅仅涉及传统意义上的听说读写水平,而是特定的学术技能,正如 Hyland(2016a: 61-62)所指出的,"撰写可发表论文对于英语为母语和非母语者来说都是一门必须掌握的专项技能",而"学术语篇的神秘的惯例"对所有人来说都是生怯的,所以不能认为英语水平好就能写出高质量的学术论文。Li(2007)应用情景学习(situated learning)的理论(Brown,Collins, & Duguid, 1989),描述了一位化学专业的英语为非母语的中国博士研究生如何通过参与学科活动进而融入其学科的学术共同体中的。Li(2007)提出将学术写作视为社会化过程,要习得英文学术写作技能,就要参与需要应用这种技能的活动中。因此,学术写作与发表更似学徒进入工作坊,通过实践来获得技能。在访谈中,不少受访教师也提到,通过投入论文写作、投稿、修改、回应主编和审稿人的评审意见等一系列活动中获得相关经验后,对撰写英文论文并发表到国际学术期刊感到更加有信心。

## 7.6 小结

本章立足于 Bronfenbrenner(1979,1993)的生态系统模型,将本课题研究的定量和质性数据融合一起,汇报并讨论了高校外语教师国际学术论文发表这一微系统中四大重要因子:科研观念与态度、科研动机、科研能力、学术写作能力与经验等,这些因素包括外语教师个体的心理因素、认知水平和行为经验。下一章将汇报由本系统与其他微系统之间的联系所组成的中间系统对高校外语教师国际学术论文发表的影响。

# 第 8 章　中间系统：教师科研与学术发展的角色博弈

根据 Bronfenbrenner 的定义，中间系统指"发展中个体积极参与的两个或多个情景之间的联系和进程"（Bronfenbrenner，1993：22），亦即包含个体的微系统之间的交互作用关系。本研究的重点是高校外语教师国际学术论文发表生态系统的微系统，上一章汇报了这一微系统中的重要因子，而外语教师置身其中并积极参与的其他微系统，包括其承担的教学任务和学校服务、家庭责任，参与的博士项目、教师培训与访学、学术会议和同侪交流等都与这一微系统相互联系、相互作用，形成外语教师科研与学术论文发表的中间系统。本章将对中间系统进行详细汇报和分析。

## 8.1　教学任务与学校服务

本研究数据显示，教师置身并参与的其他场景比如学校、家庭、培训项目、学术会议等活动对其学术论文写作和发表均起到不同程度的影响。首先，繁重的教学任务是外语教师普遍反映的一个因素。如，本研究调查对象中，57.3%的人每周授课时数在 8～12 节，而周授课时数在 13 节以上的约有29.4%的（见5.2.1小节）。没有时间做科研更是访谈中受访教师普遍谈到的问题：

> 现在我始终觉得学期期间的话，很少有自己静下来看看书、写写文章的时间，现在都是很多碎片，在这种碎片时间刚好坐下来，看一看东西，写一写东西，然后又有很多其他的事情。所以我觉得时间是最大的一个问题。（T8）
>
> 如果在某个阶段比如说课时少一点的时候，自己也有一些研究课题想做，家庭负担也少一点的时候，那个时候应该可以称得上能够研究点东西吧。（T1）

外语教师课时多在调查问卷开放题的回答中也有反映：

> 平时教学工作占了过多时间，很难双方兼顾。（问卷开放题反馈）
>
> 学校应该有激励政策，但是我不太清楚。我的课太多，再加上家里有孩子要管，分不开身，有心无力的感觉。希望学校对真正从事科研，尤其是能发表到国际期刊的同志们，要给予重奖。除了排除经济上的压力，也可以放假一年，或是，将课时大幅削减。这样，才能保证有潜力愿意投身科研的同志们有精力从事科研。对于大学英语老师来说，课时多，每周16～20节课，实在难以分身。（问卷开放题反馈）

访谈中高校科研管理部门负责人也提及外语教师教学课

## 第 8 章 中间系统：教师科研与学术发展的角色博弈

时多是一个重要因素：

> 一个是因为外语教师，大学里面有两部分，一部分是专门做语言研究或者是外国文学和外国语言研究的，但大部分的话，外语教师其实承担了很重要的大学英语教学的任务，他们的课时工作量非常大，因为承担了整个学校的英语公共课的教学，所以他们每周的课时量比较大，这样的话从事科研的时间肯定就少了。（G1）

此外，在很多高校，教师除了教学外也要参与学校服务，要参加各式会议等，这无形中也要花费很多时间：

> 一边讲课，一边做科研，一边做行政，三件事情全部兼顾下来还是非常难的。因为时间就把握不了。……我是经常会有很多 idea，但是因为时间这个不能够保证，所以呢，这些 idea 有时候就石沉大海了。（T6）

> 比如说暑假的话就会一整天都在忙自己的研究嘛，就会好很多。但现在的话你比如说开会，教书，还有七七八八的，就会没有时间了。（T4）

> 重点还是应该适当减少教学工作量和一些乱七八糟的活动，鼓励老师们读书，思考，进修，攻读博士学位，然后才可以谈得上在国际学术期刊上发表论文。（问卷开放题反馈）

> 单位倒也不是不了解科研的重要性，主要是教学任务很繁重，还有名目繁多的杂事和各种各样不知所云的会议，跟科研无关，基本上是坐班制度，一个教师兼具

很多项教学功能,教师、一般干事、打杂体力劳动者等,大到发表文章,上好每一堂课,小到自己出钱买水喝等。(问卷开放题反馈)

此外,高校外语教师在校外兼职机会较多,也可能因此占用了较多时间精力,影响到在科研的投入。不过这是高校科研管理部门负责人谈到的因素,受调查的外语教师并没有提及该因素,可能一定程度上反映了问卷数据中的社会期望偏差(social desirability bias)(Neuman,2014:330):

> 第二个呢,可能外语类教师在社会上兼职的话机会也比其他人文类[教师]的机会要多,做科研不是一件很轻松的事情,那么可能大部分老师在外面可以获得一定资源的话他未必会能够静下心来做研究。(G1)

## 8.2 家庭责任

除了在教学和学校服务方面花费大量时间外,作为社会中的人,外语教师在家庭中承担的责任也会占用其精力和时间。众所周知,高校外语教师中女性占了多数(见戴曼纯、张希春,2004),如在本调查研究中,76.4%的调查对象是女教师。"相夫教子"是我国传统文化赋予女性在家庭中的角色定位,虽然随着女性主义的倡导和新时代女性受教育程度提升等,很多女性能够在职场上大放异彩,而且随着现代生活压力的增大,"男主外、女主内"的声

## 第 8 章
中间系统：教师科研与学术发展的角色博弈

音相对式微。然而，不可否认，很多女性在照顾家庭、抚育子女方面仍然承担主要责任。因此，外语教师在家庭这一微系统中的活动，会对其在科研、学术论文发表等方面存在很大影响。

在访谈中，教师 T3 就谈到自己离家几年去进修和读博的无奈，家人对她既支持也偶有怨言：

> 我出去的时候小孩是三四岁，现在是 8 岁，然后中间小孩上幼儿园，包括现在上小学，辅导功课，日常生活由爷爷奶奶照顾，辅导功课就是爸爸照顾，包括周末陪他出去玩啊，都是家人在做。……肯定有怨言的。因为确实是在中国这个传统观念里面，作为妈妈，你应该最重要的是家庭为主，以照顾家人为主，所以他们怨言肯定是有的，但是呢也知道现在这个形势是这样子，对于像我这种没有特别多的社会背景的人来说，那只有自己读书这条路，所以这几年他们也算是默默地支持。怨言肯定是有的，必须有。(T3)

好几位受访教师也谈到自己平时的工作、科研得到来自配偶的支持，尤其如果配偶也是高校教师，就比较能够理解自己：

> 家庭那应该是全力支持，否则的话，像我们这种脱产学习，家庭也是付出很大代价的。……因为既然是脱产学习嘛，家庭里面孩子教育啊，家庭生活啊，家庭收入啊，这些方面都会有影响。……但总体上对我是支持

的，我有出来学习的想法后，家里还是全力支持的。(T9)

因为我的家人不是从事教育行业的，他们对我最大的支持就是，让我有充分自由的时间自己支配，在工作和做家务之余剩下的时间是我可以自己支配。……给予我很大的自由吧。(T2)

[家务活] 这个，对，家人会，这个会帮助承担。因为我先生也是高校老师，所以基本上互相还是比较理解的。(T5)

就是表示理解咯！因为虽然我爱人也是高校老师，他知道这个科研压力是很大，但是也因为专业不一样，也不可能帮上很多忙。……有时候也会帮忙就是去复印一点东西，也是会的。(T1)

我先生他也是大学里面的，也是搞学术这一块。也是刚刚起步嘛，就是博士比我早一年毕业。虽然我们的领域不一样，但是在申请项目上，他因为比我早一年，所以给了我一些指点吧，包括写中文他都会帮我先看一遍。(T4)

但是，访谈中也有教师谈到自己因为在工作上付出过多，因为从事科研要投入大量时间精力，配偶会表示不理解。如，虽然教师 T4 提到其配偶会在项目申报等方面给予她帮助，但是潜意识里并不是十分支持：

可能我的先生有一点大男子主义。……他其实不在乎女孩子有多少事业，他希望女孩子做贤妻良母那种，

## 第 8 章 中间系统：教师科研与学术发展的角色博弈

更温柔，甚至更从属于他的那种感觉。但是因为他也知道我是属于这种情况，所以他力所能及地，比如说帮我。……但是总体上其实他是希望我今后，包括说如果哪一天有小孩什么的，他其实是希望我把重心往家庭方面移。(T4)

就算较为年轻的教师 T8，虽然是位男教师，也提到妻子对他过于专注于科研而忽略了家人也有微词：

就是认为你成天的花时间在科研上，没有很好地照顾家庭，工作的时间花得太多了，家庭的时间花得太少了。所以我自己也在考虑怎么样去平衡。(T8)

教师 T7 也谈到，自己配偶不是高校教师，因此无法理解她工作上的忙碌：

他可能就是不明白你为什么过得这么累，总是觉得大学老师不应该很轻松么，不应该就享受生活么，然后就是不明白我们，不明白为什么这么累。就是工作的性质不一样，他觉得你这么努力，也没有取得什么很大的成就。……他不能理解我的一些想法，他觉得你博士毕业了，你回到家乡［就好］，你有个固定的工作，我也不要你养家，你就享受生活，带孩子就好了，就这样就好了。(T7)

教师 T7 博士毕业后本来在北京一所高校，由于跟配偶

分隔在两个相距很远的城市工作,就最终放弃了自己原来的岗位,转到配偶所在城市的一所高校工作:

> [那时候]我们年轻的老师都要跑分校,就是早上可能五点多一点就要出门,一天就很累,老人和孩子也住不好,生活条件也不好,然后又夫妻分居两地。所以我就一直问我自己,这是你想要的生活么?我什么时候能改变?但是我自己就看了一下,可能我五年之内都改变不了,可是这五年对我的孩子来说可能就是最美好的童年。所以我觉得我宁愿不要这些光环,什么北京啊,户口啊。我说我不要,我要给我孩子一个踏实的童年,然后我就辞职了。(T7)

可见,考察高校外语教师的科研和论文发表等活动和成果,并不能单独评价其科研动机是否高、是否付出了足够的努力等,外语教师作为一个"全人",在大学课堂之外,在其他生活领域中扮演着不同角色,履行着不同义务,他们生存和发展的其他微系统对其专业发展会产生千丝万缕的影响。如果说教学任务、学校服务、家庭责任等因素很大程度上会牵制外语教师的学术发展,那么他们置身的博士项目、培训与访学项目、学术会议和同侪交流等活动,则如本研究所发现的,会对外语教师的科研产生积极的推动作用。

## 8.3 博士项目

如前所述,很多教师反映自己缺乏对科研方法的掌握和

## 第 8 章　中间系统：教师科研与学术发展的角色博弈

国际论文写作规范的了解，而访谈数据显示，经历过博士教育的教师，在科研方面会有更深体会，或者会像教师 T8 所说的，会养成做科研的习惯：

> 觉得是一种习惯吧，我刚博士毕业不久，想把博士的一些东西发一发，我觉得还是读博期间养成的习惯，就是去 keep yourself updated，看一些东西。（T8）

值得强调的是，访谈中很多教师谈到博士阶段导师的指导和启发对其科研兴趣、论文写作、知识能力、科学态度等都起到了很大的促进作用。如，教师 T3 说道：

> 读博士期间遇到了比较好的导师。我觉得读博士不仅仅只停留在看期刊上的文章，可能更多的是，研究领域它有一个术语，叫学徒，apprenticeship。就是说你做科研也相当于是做一个学徒，需要老师把你带到这个领域里面来，去看到这个所谓的 community of practice 到底是什么样子的，然后你再去写文章，去试，不停地得到修改意见，然后反馈、修改、投稿。这些过程可能比看学术文章更重要。我导师在这一方面比较热心，他也知道我们在这一方面需要有人带一下。所以他能够提供的帮助和我的需要很契合，在这个过程中学到了很多。（T3）

> 我的博导是一个我见过的最为 upright 的，就是学术，包括教学生也是非常替学生着想的。……他平常一点一滴的教诲，我现在工作之后回头来看会感触更深，

才能更加理解为什么当时是那样子的。比如他很早以前说过，将来你工作以后，千万不要这边申请项目，那边申请项目，到处申请项目可是不知道 how to complete the project。他说应该更重视 complete the project with quality work，output。他给我的感觉就是重质不重量。他说看到身边有同事可能不断去申请，可是实际上有一点虎头蛇尾的感觉。他这些话其实我当初没有太大的感受……现在我真正走上工作岗位，回头来想起老师当时说的话，他很多时候会为我的长期发展奠定一个很好的［理念］，是一个 far-sighted 的人。然后他很多做事的方式，比如说对人的一些态度，特别为学生着想。这一点我觉得我未来也会这样做。(T4)

读博期间，我感受到了她的人格魅力，她自己也是一个非常严格的导师，我觉得对我的科研包括学术能力还是有很大影响的。因为我觉得读博期间，的确对一个人的科研，包括学术写作的影响很大。(T8)

可见，博士阶段的导师对教师的学术发展具有重要作用，尤其从教师 T4 详细的陈述中可见其导师对她的学术人格、学术视野等都有着很大影响。此外，也有教师提到，博士生更像是一个学徒，如果有导师领着进入"陌生的作坊"，或者实践共同体（Lave & Wenger，1991；Wenger，1998），他们能够积累很多经验。比如，当被问到有什么关键事件是她最有感触的，教师 T3 谈到了她和导师一起写论文并向国际期刊投稿的经历：

第 8 章　中间系统：教师科研与学术发展的角色博弈

就是发文章的经历，就是这个过程。因为当时我导师他发了好多文章，我以为导师发文章会很顺利，随便写一个就可以发。但是在我写文章的时候我才知道，其实导师也跟我一样，他也是要从选题，到写文章，到修改，到发表，这个过程是很漫长的。在我跟他体验了一遍以后才可以说稍微领略到了科研道路是怎么一回事。然后有了第一篇以后再往下写才发现会稍微容易一点点。(T3)

博士阶段的学习对外语教师的科研水平和论文质量的重要影响，也在主编的访谈中得到印证：

一般来讲，在读博士或博士毕业以后围绕博士论文做的文章质量要高一些。后面如果老师没有跟进的话，质量会下降。(E5)

简而言之，教师 T3 的经历说明，论文写作和投稿、修改、重投等，并不是课堂上可以明确学到的知识，而更多像是一些实践技能，需要投身参与进去，有如学徒进入作坊去操作、练习，才能积累实际经验，而在这个过程中，如果在博士学习阶段能够得到导师的引领，对教师的学术发展有很大作用。

## 8.4　教师培训与访问学者项目

除了博士教育项目，教师培训项目和访问学者项目都对教师的科研和论文写作起到帮助作用。如 5.2.6 小节所汇报的，很多教师都提出了希望学校能提供培训进修的机会。在问卷最后的开放题的回答中，也有教师提出：

> 教师参加国际会议或培训的机会越多，教师在国际学术期刊上发表论文的可能性越大。(问卷开放题反馈)

在访谈中，受访对象也谈到了教师职业发展项目对提高教师的科研技能、拓宽理论视野等有很大帮助：

> 我是20××年①到××访学，这个方向是××自设的二级专业，然后产生兴趣，就准备修读相关的课程，然后复习考试。……[在访学的时候]，做的事情很多，例如选修课程，参加班级研讨，还有学术会议，国内的和本校的学术会议，还有交课程论文。……[收获]肯定是很大的。(T6)

教师 T5 参加了在美国为期一年的访问学者项目，也谈到跟美国学者的交流接触给她很大启发，以下是她与访谈者的一段对话：

> T5：在美国的时候，对一些汉学家做了一些访谈，我觉得那些访谈对我的影响和触动非常大。……就是

---

① 为保护受访教师隐私，这里省略了具体的年份及其访学的高校名称。

## 第 8 章
中间系统：教师科研与学术发展的角色博弈

说，从他们的学术、治学等，我觉得各方面对我的触动都挺大的，我觉得真正的治学的状态是什么样，那是到了美国之后才有所感悟。

访谈人：那从您和他们的接触中，您体会到的真正的治学是怎么样的呢？

T5：嗯，就是完全以自我兴趣为导向，而且是整个心血和精神、状态的自发投入。

访谈人：那您接触的这些汉学家对您的影响使得您回来之后有些什么样的改变呢？

T5：你想我以前写论文啊，就是先到网上，知网上看一看，然后自己思考一下，然后模仿，或者说仿照某个有可能发表的方向去编织一篇论文。那现在我就会主动地去寻找一些自己感兴趣的，跟文学翻译有关的话题或者热点，再去做一些访谈。以前我不觉得访谈这个东西有什么学术价值，但是跟那些汉学家做过访谈之后，我发现访谈是一个很有意义，也比较有趣的研究方式。所以我现在会主动地进行一些访谈，然后再把它转录成文字。其实从访谈当中也可以深挖出研究的材料，也可以再写后续的论文。

从以上教师 T5 和 T6 的叙述中，可以看到访学项目能够把外语教师从繁忙的工作节奏中释放出来，在较为集中的一段时间内进入和感受其所在学科的学术共同体，除了提升技能外，能够起到启迪思想、激发科研兴趣的作用，对于希望获得专业发展的教师，能带来较大帮助。

## 8.5 学术会议、同侪交流

教师日常参加的学术会议、同侪交流也是中间系统中的两个微系统，与本研究聚焦的微系统相互作用。如前所述，问卷调查中很多教师表示希望能够得到学校支持参加学术会议，这在访谈中得到印证，很多受访教师提到了参加学术会议的重要性。比如，教师 T6 说道：

> 参加一些学术会议对科研有帮助。……比如说我去开一次会，会听到有用的东西，听了之后一想有很多 idea，但是呢，一回到这个地方，这个环境，可能有些东西就很难坚持。(T6)

教师 T7 提到她参加一次在香港举行的国际会议，这次会议成了促进她鼓起勇气撰写英文论文并向国际期刊投稿的契机：

> 我印象很深，就是这篇文章我一直不知道我能不能动手，然后我就去香港参加了一个国际研讨会，这个会议的主办方就是这个期刊，是他们的年会。年会中有一个工作坊，在晚上，这个期刊的一个主编讲了他们期刊的一些事情，他当时说了一句话对我触动特别大，他说："我们每天会 reject 那么多文章，很高很高一沓，但是我想告诉你们的是，我们 reject 的文章，有 80% 都不应该投出来的。"然后他就说："比如说你有一些非常

## 第 8 章
中间系统：教师科研与学术发展的角色博弈

superficial 的 mistakes，再比如说选题不符合我们期刊的要求，再就是 repeat 别人的研究发现，那你对学科做出了什么贡献啊？"我当时听完这些话，就感觉我只要不是那 80%，立刻被拒掉的，我就也许有希望。我就从他的这几个角度去想，就是一定要去掉 stupid mistakes，我把它过去期刊的目录都扫了一遍。我就觉得我要做的这个话题是一个重要的话题，但目前还没有人来做，至少在中国还没有人结合语言学的角度来阐述一些性别的现象，社会当中的一些性别现象，那我觉得中国的声音，我们有这么多的女性，世界也要听到嘛，然后我就去做了。(T7)

在教师 T8 的回顾中，点燃他对科研兴趣的是一次由领导带领他和其他教师参加的一次国际会议，而促成他最后读博的契机也是源于在另一次国际会议上邂逅了他后来的导师：

> 我们当时单位的一个主任……他带我去参加了我人生当中的第一个国际会议，我们当年有很多人去参加一个学术会议，我当时是作为 participant 参加的。当时虽然说硕士毕业了，科研其实一点都不懂，说句实在话。……［后来］另外一个主任，他之前和我谈了一个关于科研的计划，他和我一起收集数据，设计问卷，然后他和我一起，参加了我人生应该是第一个做 presentation 而不是纯粹做 participant 的会议。……那时候很紧张。当时有一个 keynote 去听了我们的 presentation，我后来还

和他拍照了。就感觉有点小小的成就感吧，我第一次在学术会议上做 presentation，后来我们也就把那个 presentation 发成一篇论文了。这是一开始的过程，后来我就想稍微写写东西，去读博士。(T8)

第三年期间，我去国外开的一个学术会议，碰到了我后来的导师，我觉得那一次会，包括碰到了我后来的导师，可能算作一个比较重要的事情。因为当时我刚好碰到了她，和她聊了聊自己的一些打算，自己的一些计划，说写一个 research proposal，然后跟她读博，她当时也是挺支持的。她说那你回去写一写，她在我们领域当中也是属于比较牛的人物，所以后来我就第三年 12 月份我申请了她的一个 program，后来也就被录取了。(T8)

从教师 T8 的回顾中，基本可以看到他学术成长中很多重要的拐点都与他参加国际会议的经历有关，前两次是在单位领导的带领下参加国际会议，从旁听者到发言者，在会议中与国际同行交流，积累了经验并激发了对科研的兴趣和信心。之后也是在国际会议中，得以邂逅在其领域颇有声望的教授。这些经历，对教师 T8 后来的读博与科研论文发表都起到了很大的促进作用。在对调查问卷最后一道开放题的回答中，也有教师提到参加学术会议、培训等的重要性：

资助教师赴境外研修或参加学术会议是提升教师发表国际学术论文能力的最好方法。(问卷开放题反馈)
希望外语教学委员会类的机构能组织一些活动向高

## 第 8 章 中间系统：教师科研与学术发展的角色博弈

校外语教师介绍国际期刊投稿，参加国际学术会议的经验（有可能已经有此类活动，只是我还不知道而已）。（问卷开放题反馈）

除了国际会议以外，学术工作坊或讲座也是教师学习的重要机会。当被问及学校是否会请专家来校开学术讲座时，很多受访教师对此给予了肯定回答。但是很多教师也反映，由于学科研究的细化，很多讲座对自己的科研没有直接帮助，只能起到开眼界的作用：

　　［讲座］还是有一定促进作用的，但是我发现做××①的，好像目前就只有我一个人吧，其他的讲座特别多，但是就是没和我直接相关。你每天看到好多讲座，像文学翻译各个方面，但是都跟我不大相关。除非我自己去请，那就是直接和我相关。(T4)

　　我觉得每个人的科研的方向都比较细。比如说前段时间请的×××教授②来讲的是商务英语，可能对我就没有一点帮助。就是这种细方向可能比较难请到切合［自己］实际的。(T6)

　　科研讲座对科研应该是有帮助的，但是学校里偶尔的不成体系的一两次讲座，能产生多大影响，也很难说。一是个人的理解问题吧，有时候是不理解［讲座内容］，第二个就是也没有什么明确的方向，就开拓一下

---

① 为保护受访教师隐私，这里省略了该位教师的研究领域。
② 为尊重访谈教师所提及的教授，这里省略了该位教授的姓名。

视野吧。(T9)

[讲座]虽然有，但是这个普及度，比如说谁有话语权，他就会邀请他这个领域的人过来做讲座。但是如果你，比如说你是一个新人，就不是说有话语权啊，那我们就是来什么讲座听什么。虽然系里好像也说你们可以提议想要请哪一些人，但我不知道有没有人去提，至少我自己没有去提议过。(T7)

有请，国际上的基本上都是我请的。国内的就是有些院校的大家觉得比较有帮助的老师就会请一些过来。(T3)

[专家讲座]这个还挺多的，我们学校属于比较活跃的，包括我自己今年一个学期我就请了两三个，都是国外的。……这边的会议、讲座、研讨都非常多，甚至有的时候同一时间还有好几场。(T4)

从以上可见，由于很多讲座不是跟教师本人的研究直接相关，教师们对讲座的作用评价不高。有趣的是，教师T7与教师T3、T4形成了鲜明对比，教师T7反映具有话语权的领导决定了讲座的话题，而自己不具备话语权，起码是没有去争取赢得这种话语权。而教师T3和T4反映很多来校开讲座的国际专家都是她们请的，表明在争取开设讲座、为教师科研发展铺路这件事情上，教师T3、T4采取了较为积极的做法，对增进院系的学术氛围起到一定作用。

此外，同侪交流也对外语教师产生非常重要的影响。虽然前一阶段的问卷调查发现很多教师反映院系的科研气氛不浓（如，65%以上的调查对象表示院系里的同事很少在国际

## 第 8 章 中间系统：教师科研与学术发展的角色博弈

会议发言或在国际期刊发表论文，见 5.2.5.2 小节），但是在访谈中发现，教师会通过各种方式扩大自己的学术圈子，与院系以外的同侪加强学术交流。比如，据教师 T3 回忆，她的第一篇 SSCI 文章是与她的博士同学合作发表的：

> 我想和我的导师一起发的，但是他生病了。我觉得我自己一个人没有能力把它发下来，所以就找了另外一个同学，也是在读博士的，我们俩一起合作把它发出来了。(T3)

教师 T8 谈到，博士毕业后由于逐渐在国际期刊发表了论文，有时候会有同行主动来联系合作，自己的科研也因而得到推动：

> T8：有时候有人会邀请你，说要做一个 presentation 啊之类的。
>
> 访谈人：就是说，你在一个圈子里面，就算你不打算做，这个圈子里面有其他因素在推动你在做。
>
> T8：对的，我觉得，特别是博士毕业以后，这种感觉会更加明显。就有人会愿意找你合作。之前是没有这种感觉的，之前是你自己做，求别人，哎呀，能不能我们一起来这样，现在的话就有人想要和你合作一些东西。

除此以外，随着网络社交平台如微信、QQ 等在国内的流行，可以通过加入学术群来开展同侪交流，在这方面，教师 T7 是一个很好的例子。她回忆道,她加入了一个由一位在澳大利亚工作的华人教授建立的学术群,这位教授是理科领域,但是一直致力推动中国学者在国际期刊发表文章。当时教师 T7 完成了一篇英文稿件,但是没有勇气投出去,最后在这位教授的敦促鼓励之下,终于将文章投到一本国际期刊,在访谈时,这篇文章处于经主编反馈意见后的修改阶段:

> 你知道我们现在网上都会有一些学术团体,建的那种 QQ 群啊这些东西。这个老师他是理科的,他在澳大利亚,国际化做得非常好,他发 SCI 已经发了 200 多篇了,特别了解国际化的流程和状态。他觉得中国这么多年轻的学者不去做国际化的东西太可惜了。就不知道为什么,他就从 QQ 群里很大的一个群,挑了 10 个学生,说你愿意吗,愿意我无偿地指导你们。我们也没见过面,我们谁也不认识谁。他就随便挑了这么 10 个,然后说你们有问题可以问我。我就是被挑中的其中一个。我也不知道为什么他挑出这 10 个人就要我当这 10 个人的班长。所以他当时就给我很大的压力,他说"你要是再不投出去的话,那就除名吧,这个班级就解散好了",说"你们都是扶不起的阿斗",他说"我指导的硕士生都可以发 SCI 一区二区,你们都博士毕业了都不敢投出一篇文章!"(T7)

在这位素未谋面的华人教授的"严厉"敦促下,教师 T7 鼓起勇气投出了自己写的英文论文。在叙述这段经历时,

第 8 章 中间系统：教师科研与学术发展的角色博弈

她对这位教授充满了感激。可见，即便自身所处的院系缺乏科研和国际发表的有利土壤，只要有心为之，外语教师可以借助各种媒介，与更大的学术群体建立联系，获得学术发展的外部支持。

## 8.6 讨论

本章汇报了国际学术论文发表微系统与教师置身并参与其中的其他微系统相互作用所形成的中间系统，包括：教学任务与学校服务、家庭责任、教师培训与访学项目、学术会议、同侪交流等。对中间系统的深入分析较为立体地呈现了高校外语教师作为"全人"所面临的来自个体内部和外部各种生态系统因子的影响。如，繁重的教学任务占用了外语教师很多时间和精力，而教学和科研都是深度智力行为，需要教师在学科知识上不断钻研、在教学手段上不断探索，才能上好课，把课堂"经营好"。科研活动更是要求教师沉静下来深入研究领域，系统研读文献、收集数据和分析数据等。可以想象，教学和科研活动都需要耗费大量时间和精力。外语教师除了承担繁重的教学任务，在个人专业发展路上必须是一个终身学习者，在社会生活中同时也要扮演丈夫、爸爸、儿子、妻子、母亲、女儿、朋友、亲戚等多重社会角色。从生态系统角度出发，这些多元角色对教师学术研究和论文发表必然产生影响，而且这些影响不是相互独立，而是相互联动，总体作用大于部分之和。

比如，教师 T7 博士毕业后原本在北京的一所高校工作，为了结束两地分居，为了孩子的健康成长，她放弃了原来的工作去了配偶所在城市的一所普通高校。表面看来这是家庭因素的影响，然而，从教师 T7 的访谈中（见 8.2 小节）可以看出，作为母亲，她每天要承担接送孩子、照顾孩子的责任；作为妻子，她要跟不理解她的职业理想、只求她安心在家带孩子的丈夫不停沟通、维护感情；作为女儿，对母亲过来帮忙带孩子受累感到内疚，各种情感必然叠加一起。这些情感因素促成她专业发展的生态系统产生改变——回到丈夫所在城市。虽然看似只是从一所高校换到另一所高校，但是各种附带的生态因素也因此改变了。比如，北京比她现在所在城市必然拥有更多的学术资源（如高水平高校所构成的学术土壤、更为丰富的培训项目和访学机会等）、所在院系不同水平的学术氛围等，这些不同的学术环境所产生的效果类似于所登山峰的高度，会给登山者带来不同的风景。教师 T7 的经历应该较为常见，因为大部分高校外语教师是女性，她们的学术发展、论文发表尤其会受制于社会、家庭对女性传统角色的期望。顾佩娅等（2017：64）的叙事研究也同样发现外语教师职业生活中要应对多元角色的冲突，有的研究对象写道"我的付出建立在牺牲家人时间和幸福生活的基础上"。

此外，外语教师在教学岗位以外的学术追求，如博士学习、参加培训和访问学者项目、学术会议和同侪交流等，都是其学术发展生态系统中的重要因素，这些因素之间相互作用，其结果可能有助于外语教师扩大自己的学术圈，进入自己院系以外更大的"实践共同体"（Lave & Wenger，1991）。实践共同体有 3 种归属形式：直接参与、想象、结盟（Wenger，1998）。攻读博士是最重要的直接参与实践共同体

## 第 8 章 中间系统：教师科研与学术发展的角色博弈

的方式。通过博士阶段学习，教师能够得到系统、深入的科研培训，对其专业发展至为重要。从本研究的访谈中可以看到，获得了博士学位的教师普遍对科研表现出很大兴趣并且论文产出较多。本研究的问卷调查结果也显示，具有博士研究生学历的外语教师在 SSCI 和 A&HCI 期刊、其他国际期刊和 CSSCI 期刊发表的论文均显著多于其他学历的外语教师，而且也具备更高水平的内部动机和认同调节动机。

教师培训和访问学者项目也是外语教师直接参与实践共同体的方式。由于个人、家庭或其他客观条件的限制，有些教师可能无法花上三四年的时间去攻读博士学位，而短期的培训和访学则是另一种拓宽学术视野、提升科研水平的渠道。教师 T5 和 T6 都谈到访学项目对他们学术成长的影响，教师 T6 的访学经验甚至最终促成他去了所访学的高校攻读博士学位。周燕（2008：43）对 25 名在北京的访学教师的研究也发现，教师普遍欢迎访学模式，通过访学"不仅使他们看到差距，获得个人反思和发展的时间和空间"，还能"通过上课和学习明确了个人发展方向，建立了科研的信心"。

本研究发现，参加学术会议尤其是国际会议，是另一个参与实践共同体的重要方式。教师 T8 两次参加国际会议，不仅激起了科研兴趣，从第一次参会时的旁听者身份到第二次参会时的发言者身份的转变，表明他逐渐成为国际学术"实践共同体"的合法边缘参与者（Lave & Wenger, 1991），而且正是在学术会议中，他认识并跟随在其领域颇有建树的导师在国外一所高校完成了他的博士学习，取得博士学位回国。教师 T8 的学术成长之路很好地诠释了"实践共同体"

中合法边缘参与者逐渐成为成员的历程。结合生态系统中其他因素，可以想象，在教师T8的发展道路上，如果没有他的配偶、父母等的支持，如果没有他自身对学术的追求和对专业发展的执着，也难以有后面长足的发展。因此，教师T8学术发展的生态环境中，中间系统各种因子同样发挥了重要作用。

除了身临其中直接参与"实践共同体"外，也可以借助信息媒介，如网络和社交平台等以结盟方式参与。如果说教师T8在实践共同体中的活动是直接参与（如，参加学术会议），教师T7则是通过结盟方式归属实践共同体的例子。她通过网络社交平台加入了一个学术群体，被任命为班长，在平常的交流互动中应该发挥比较活跃的作用。在她完成了稿件，犹豫不决、不敢投稿的时候，共同体里的专家——一位有着丰富发表经验的海外华人教授——对她起到了关键的推动作用。虽然这个团体没有开展面对面的接触交流，但是其关系相当于结盟，最终教师T7鼓起勇气把稿件投去国际期刊并获得修改再投的机会，说明结盟这种归属实践共同体的方式促成了教师T7向国际期刊投稿的行为。

以上分析说明，虽然很多高校外语教师反映自己所在院系科研气氛不浓（见Borg & Liu, 2013），但是只要在自己的学术发展中积极求索，通过攻读博士学位、参加访问学者项目、参加学术会议、参加网上学术团体等，加入更广大的实践共同体，在这些生态系统中的积极参与对教师的科研和国际学术论文发表同样能起到促进作用。

值得强调的是，Bronfenbrenner（1979，1993）的生态系统理论不仅仅强调生态环境对发展中个体的影响，也同时强

## 第 8 章 中间系统：教师科研与学术发展的角色博弈

调研究发展中个体对生态环境的反作用，也即强调环境和施事者（agent）的相互作用。本研究也发现，在中间系统各个微系统的相互连结中，不同教师对所在环境实施的施事性（agency）也各不相同。如，在对待来自家庭责任的影响中，不少教师对其反作用是顺应和调和，尽量平衡科研工作和家庭责任之间的关系，如教师 T7 通过变换工作和生活环境、教师 T8 通过有意识匀出时间到家庭生活来实现生态系统的平衡。这表明了在面对教学科研压力和家庭生活责任的压力之下，外语教师试图通过自身有意识的努力，维持家庭和婚姻的和谐，在保证其他生态因子稳定的前提下，才能更利于教师本身的专业发展，本研究中教师 T7 和 T8 均在其专业方向不断发展成长，取得了成绩。

另外，外语教师对环境的施事性也体现在对所在院系学术氛围建设方面。虽然很多调查对象所在院系的科研气氛不浓，但是从访谈中可以知道，教师 T3、T4 对其所在的院系科研气氛实施了反作用，通过自己积极邀请国内外专家到校开设讲座和工作坊等，不但对自己的科研带来帮助，也同时有助于营造院系的科研气氛。相对而言，教师 T7 采取的则是较为被动的做法，没有主动发挥其施事性，因为据她说，自己没有提出过请专家来开设讲座。当然，这也取决于不同教师在院系的话语权以及其他客观条件，比如院系的科研活动经费支持等。总而言之，在外语教师专业发展的过程中，作为"全人"，外语教师要履行各种社会责任，在扮演的各种社会角色的博弈中寻求职业发展，中间系统的各种生态因子交织在一起对外语教师的科研和论文发表产生影响。但是，外语教师并非必须被动地接受影响，他们的人生态度、科研动机、职业理想、责任心等也同时与生态环境交互作用，从而不断改变、调整以及调和自身与生态环境的关系。

## 8.7 小结

本章汇报了高校外语教师国际学术论文发表生态系统的中间系统，包括教学任务、学校服务、家庭责任、博士项目、教师培训与访问学者项目、学术会议、同侪交流等。通过对访谈数据的分析，本章清晰地描述了高校外语教师在履行科研工作的同时所需要扮演的各种社会角色，以及他们如何在家庭生活、院系内外等发挥自身的施事性，主动在更广阔的学术圈或实践共同体中，通过不同程度的参与，获得学术成长。

# 第 9 章 外系统：教师科研与学术发展的外环境

上一章汇报了高校外语教师国际学术论文发表生态系统的中间系统因子，本章将着重汇报外系统。根据 Bronfenbrenner（1993：24）的定义，外系统指"两个或多个情景之间的联系和进程，其中起码有一个情景不包含发展中个体，但是其中的事件对他所居住的当下环境中的进程具有间接影响"。在本研究中，外系统可以理解为两个或多个情景之间的联系，其中一个情景不包含高校外语教师个体，但是该情景对外语教师国际学术论文发表具有影响作用。本研究主要探索外系统中学术守门人（期刊主编）和高校科研激励政策这两大因子。

## 9.1 学术守门人

期刊主编是最直接的学术守门人，他们需要为期刊的质量、在业界的声誉以及期刊对学科发展的贡献等各方面把关。因此，外语教师向学术期刊投稿后，期刊主编就是其论文发表生态系统外系统中重要的生态因子，这一系统不包含教师（即发展中个体），但是主编的判断和决策等对教师的论文发表能起到影响作用。因此，本课题不仅在教师访谈中了解其投稿期刊的经历，也采访了 3 位国际期刊主编和两位国内期刊主编，这些期刊均为国内外具有高影响力的权威期刊。本研究通过综合教师和主编的视角，探索教师学术论文发表的外系统中学术守门人的影响作用。

根据 7.4 小节的汇报，很多受访教师谈到在投稿国际期刊的过程中，由于得到主编反馈的详细修改意见，感觉到很有收获。如，教师 T2 提到自己一篇简单的书评，在主编多次反馈意见后不断进行修改，因而觉得自己的英文写作有很大进步。相反，不少访谈教师提到，投稿到国内期刊往往会"石沉大海"，没有反馈意见也不知道为何被拒稿：

> 国内的，我觉得就是每次把稿子投去以后就感觉进入了一个黑匣子，就是碰运气吧。拒还是不拒，自己完全没有预期。但是国际期刊的话，如果我很好地做了这个研究，我自己对这个研究有信念，可能就算他提得再尖锐，我不停地修改，就算被拒了，也拒得比较明明白白。(T3)

> 国内很多时候他们审稿啊，没有给你很好的 feedback。他们把你拒了也不告诉你为什么。有时候我就在怀疑是不是有潜规则，因为基本上根本就没有给你很 vigorous review。比如说你是讲师，或者是怎么样的，[这个] title 就直接把你怎么样的。当然这些是我的 assumption，我不知道对不对。(T4)

访谈中，当受访教师回想他们投稿国际期刊的经历时，

## 第 9 章　外系统：教师科研与学术发展的外环境

有的提到比较难忘的是主编所反馈的审稿人意见有时候非常尖锐，自己很受打击或者不知道如何修改：

> 刚开始投文章的时候，reviewer 给的意见你会很受打击，你会不知道该如何回答，因为你自己在投稿之前已经修改了很多遍很多遍。然后 reviewer 还有这么尖锐的批判，我自己心理上就首先受不了，修改的时候就会特别抗拒。（T3）

> 比如说很容易你写一篇东西，你自己可能觉得很好，但是投出去之后，哎呀，被 reject 了，当然现在 reject 多了，之前信心上可能有点小小的打击，不过现在习惯了。（T8）

然而，也有教师反思到，国际期刊主编反馈的意见有时候的确很尖锐，但过了一小段时间再去看那反馈意见，其实意见提得挺有道理。教师 T3 就回忆了她和导师一起投稿的一次经历：

> 当时有一个稿子我跟我导师写完投出去之后，我们俩都已经是信心十足。首先那个期刊不是国际上那么好的一个 SSCI 期刊，觉得肯定可以被接收的，甚至还想是不是不用修改就直接接收。但是人家最后直接就给了 major revision，还有很多的修改意见，我们都觉得无法克服，就不想修改。但是后来放了一个月以后再冷静地思考，那个期刊给我们的意见就是我们说话 too strong。因为当时我导师给我们的建议就是，如果你有什么信

念，或者有什么观点特别想表达的话，自己就要有底气，说话呢不要犹犹豫豫。所以我们当时就采用了这个策略。结果发过去，期刊的人就说语气太强，不要太绝对，可能有些个人的主观意见在里面，没有很好的数据来支撑。……过了一个月之后仔细想想他说的还是很有道理的。后来就根据他的建议扩大了研究样本，然后重新做了。(T3)

同时，受访教师也谈到投稿国际期刊所遇到的挫折。比如，有时候稿件被拒可能是由于主编没有找到直接从事其领域研究的专家去审稿，或者当自己的研究过于创新，也会导致该领域的专家拒稿：

很多国际期刊经常会找一些不是你这个研究领域的人去审你的稿。有些是对你的研究还比较理解吧，虽然他不搞这一方面，有一些写的评语，那是非常的让人觉得没办法改。遇到这种情况的话自己也是很焦虑，毕竟花了那么多时间在上面，然后他又提出这么苛刻的要求。

我之前投过一篇国际期刊的文章，就很明显地告诉那些审稿人我是中国人，因为我研究的那个语篇就是汉语的语篇。然后呢，他找到两个审稿专家，没有一个懂汉语，而且没有一个是研究我这个领域的。其实主编他也不会说特别歧视你某个地区来的，但是他为了保证质量，他会把你的稿子拿给那些完全跟你不一样背景的人。(T1)

# 第9章 外系统：教师科研与学术发展的外环境

> 我觉得我的这个研究是一个比较新的有意思的东西，可是当投它去一些比较好的期刊，送出去 review 的时候，遇到一些可能有名的 scholar，[研究] 未必能够一下子被人接受，因为它是一个新的东西，甚至会被一些根深蒂固的、传统的某位国际大牛，可能他们不接受，直接就认为你的整个 fundamental idea 或者 design 出了问题。可能比平常不做太新的 [研究] 风险还要大。(T4)

当问到作为英语非母语者，是否感觉自己在国际期刊发表论文方面处于劣势时，有的教师认为语言固然是一个问题，而更大的挑战在于不熟悉国际期刊所遵循的学术规则：

> 我个人也觉得语言问题是很重要的一个因素，但是我可能不会因此觉得我是一个 nonnative speaker。因为我觉得 native speaker 发文的可能性也不是那么大。我觉得可能还是那个所谓的 community convention in culture，就是这个领域里面的一些守门人，他们所制定的一些规则和语言风格你没有办法突破。(T3)

也有教师认为，可能由于目前国内学者大量投稿到国际期刊，因此国内学者的论文可能一定程度上会受到期刊主编的区别对待：

> 看你 base 在哪里。你如果 base 在中国大陆的话，某些时候，除非你很优秀，这篇文章非常好，有可能

出。但是如果你的文章一般般，可以出可以不出，你又base在中国大陆，你在那里收data，有时候一些编辑是会有一点点的negative，如果不是很好的话，他们不会再让你revise，他们就会把你拒了。……我觉得可能因为中国大陆学者投稿的人太多了，太多人有这种需要了，所以导致编辑收到非常多的中国大陆的稿件，你要非常优秀，才能在很多稿件中脱颖而出。(T8)

总的说来，尽管如受访教师所反映的，学术守门人在国际期刊论文发表起到很大作用，这些教师总体上反映投稿国际期刊的过程比较透明、能够提高自己的研究能力和英文学术写作水平。在谈及国内期刊投稿经历时，受访教师的体会比较复杂。有的教师回顾了自己曾经比较顺利的发表经历：

> 印象最深的应该是第一次和我的硕导合作，那是我的毕业论文的东西。……还蛮顺利的。(T4)
> 
> 它是国内的一份期刊，感觉他还是做得比较规范的。我是去年8月底投过去，邮寄过去。大概11月份，中间我没有问过任何情况。……然后11月份的时候就有一个修改的意见，编辑部还是提了很多很详细的意见，意见就是还可以改，也是比较有道理的，虽然改起来还是花时间。但是改完以后呢，大概到今年8月份就刊出来。就从投稿到发出来大概一年的时间。我觉得这个是印象中比较好的一次投国内期刊的经历。(T1)
> 
> 第一次感觉很兴奋。因为当时也听人家说发文章比较困难。当时我在读研究生，自己把它投出去，然后居

## 第9章 外系统：教师科研与学术发展的外环境

然发了。后来发现，人家每一篇文章想发出去，都要费九牛二虎之力，被拒绝过几次，然后才有可能。有的编辑很好，给你提出你什么地方需要修改，大部分都是石沉大海。（T10）

但是，也有很多表达了在投稿国内期刊所遇到的挫折，首先就是国内外语学科的期刊太少，比如，有教师在回答调查问卷中写道："全国外语教师去抢国内C刊确实太不够'吃'。"此外，如前所述，反映比较普遍的是国内期刊很少反馈审稿意见：

> 其实国内发文不是很容易。我当时写了一篇投到了××[①]。审了一稿之后就直接拒了。审还是审了，然后给了一些修改意见，修改完了就拒了，然后也没有给任何理由。……它直接就拒了，当时就问了一下，他们说主旨不符合。但是我们就很奇怪，如果主旨不符的话为什么还要一审。（T3）

也有教师谈到了由于自己缺乏甄别的意识，误投到非法期刊，因此吃了苦头的经历：

> 几年前吧，我写了一篇关于课堂教学观察的论文。那个时候网络条件还没有现在这么方便，我对各种期刊

---

[①] 为尊重期刊信息，这里省略了该期刊名字。

的分类、类型也不是很了解，……是××①省的一个什么刊物，说可以发，要300块钱，他那个刊物叫什么什么教育，名气还挺大的，……但是不幸是，过了不到两年，我的那个刊物是非法期刊，所以我投到非法期刊去了，这对我是非常惨痛的教训，写这文章不容易。(T9)

当问到是否认为在国内期刊发文章要有社会关系时，很多教师认同这一说法：

  肯定有很多背后的，就是说你的机构啊，你的人脉啊。我自己觉得肯定是有影响的。B类的，CSSCI中B类的，你可以横冲直撞，但我觉得A，我自己心里想A我是突破不了的。(T7)
  我想大家都有这样的印象吧，或者这样的体会吧。(T5)
  肯定有，而且这个事情是每个人都在经历着的。……就前半年在一个一般的大学学报吧，我给他们发过去，他们也不收版面费，……反正他就说这个可以，当时也没说什么。但是他的前提就是全部原创的，没有任何重复率。但就是这种情况，因为迫于评职称比较急，也找了认识的熟人，跟他们打了个招呼。然后我再打电话问编辑，他就说你的这个挺好的，然后就给发了。我觉得国内发文章不像国外的那种让你一改二改三改。特别是非CSSCI的期刊，他不会让你一遍两遍三遍四遍

---

① 为尊重期刊信息，这里省略了该期刊所在省份的名称。

# 第 9 章 外系统：教师科研与学术发展的外环境

改。(T6)

如果有社会关系可能会好很多，就是如果有人跟你约稿啊。这应该也是一种很重要的社会关系，最起码就不至于把成果拖了很久都发不出来。(T1)

我觉得，我自己是没有什么社会关系，不过我也有听说过这样一些东东。……当然了，你如果是大咖，人家也不好拒，对吧，他也不存在社会关系，那是 invisible 的社会关系吧。我们这些小人物，估计人家就看都不看，有时候他们都不送出去 review 了，我觉得。(T8)

我在国内确实没有什么 connection。他们说国内发文章很难，一般情况下不会随便被接收……我就不是特别刻意去想在国内发，就找一些冷门的偏门的发，最好的肯定不会发在国内。……我个人觉得在国内读书的同学，他们可能会有一些资源上的优势。因为可能国内的一个导师就会有一个圈子吧，他们圈子里的人交流起来会方便一些。我们的话，第一国际上可能不会有这样一些圈子。如果我们想进入国内的这个圈子我们也打不进去。(T3)

然而，也有教师不认同社会关系之说，他们认为关键是论文质量，如果论文质量不好，有社会关系也发不了文章，他们认为现在国内期刊办刊越来越规范化了：

主要还是你文章的质量，如果你达到了一定的水平，然后再有关系，那么发得就快。但是如果你只有关系，你文章没达到，那永远发不上。……因为我们有时候也和他们编辑、主编在一起吃饭,他就跟我们谈了这件事情,就是说如果我是这篇文章的责任编辑,那隔十年十五年人家还能查到这篇文章。那我名字在下面,人家会骂我一辈子。所以我如果要帮你发表的话,那最起码我要保证,你哪怕写得再烂,我要保证也能在我的期刊上发表。所以除非是老同学,没办法了,我负责帮你修改。(T10)

社会问题的话,如果说在编辑部或者在期刊里面有熟人的话,可能会[对论文评审]更清晰一点,至少可以得到一些有效反馈。我觉得这是很客观的。……很多人发不了文章都认为是要走关系什么的,但是我有两点看法,第一点就是,我目前也是一个期刊的编辑,我的感受就是,任何期刊还是需要好文章。第二点,如果能够跟编辑沟通的话,问题可以得到及时的调整,这是一个客观问题。但是如果说跟主编关系很好,文章就能发,这个应该是在同等条件下,当然会有利一点。(T9)

我以前也有这种感觉,可能有一些误解吧,就觉得没有人际关系的话,很难发核心,现在感觉越来越规范了。(T2)

总的说来,在受访教师看来,他们都普遍听说过在国内期刊发文章需要社会关系,有的教师认同这一说法,另外有的教师根据自身经历否这一说法,而倾向于认同论文质量是关键条件,并且认为国内期刊越来越倾向规范化发展。

从上述汇报的访谈结果看,似乎期刊主编对一篇论文是否能够发表起到很大作用,然而研究也发现,作者可以在投

## 第 9 章 外系统：教师科研与学术发展的外环境

稿过程中发挥自己的施事性，助推自己论文的发表。教师T2 提到她最近在一本 CSSCI 期刊成功发表一篇论文的经历：

> 这个期刊从我投稿开始到最后用稿，前前后后花了差不多半年时间，最后刊登出来的话，一年多。写这篇文章的时候，请教了不少相关方面的专家，之后才投稿的。投出去等了四个月才有回应，这个过程是非常漫长，也非常煎熬。中间没有任何消息，也不能问，打电话也没有太多的回应。四个月之后感觉可能是拒稿了，我就打电话去确认一下，对方过了一天时间左右，给我回了 email 说有可能会用，……就是说前面四个月是完全没有音讯的。等了四个月之后，那边才突然间来了一个 email，问我这篇稿子有没有另投，如果没有的话，就可以送外审。我就马上回了说没有另投，他就给我送外审了，那外审反馈的时间就很快，大概过了两个星期左右，就说应该可以录用，叫我等。然后等了两三个月开始改，就是给一些具体的修改意见，改的多是语言措词方面的，个别问题要具体说明一下的。改完然后又是进入等，等他正式刊登的期数，只是给了预录用通知，就是要等的。(T2)

当问及她在这个过程有否联系过编辑部，她说：

> 我比较着急。两三个月左右没消息我又催了一次，打电话或者发 email……可能中间这一年多，从投稿到发出来，有 3 次邮件，打了 4 次电话吧。(T2)

从教师 T2 这次成功发表的经验可以看出，首先，她精心完成了研究、撰写了论文，并请教了不少专家。在投稿过程中，秉承学术规范，投到目标期刊后并没有一稿多投，在等待消息的过程中，主动以电话或电邮的方式联系编辑部，从而使得自己的稿件得到有效处理。

以上从教师的视角探讨了学术守门人——期刊主编对于教师论文发表的影响，接下来汇报期刊主编的视角。

首先，在对 3 位国际期刊主编的访谈中，了解了他们关于期刊论文的评审标准。他们提到的标准总结如下：

（1）审查稿件是否属于期刊的范围，比如 E1 谈道：

> 首先我们会坚持稿件的研究是否属于我们期刊的范畴。我们在网页上明确说我们接受的是研究应用语言学、语言教学和技术等方面的研究。我们需要研究能提出明确和直接的教学启示。（E1）

（2）研究是否能将理论和实践结合起来，研究方法上有没有明显的缺陷等。

> 稿件要阐述理论和实践的关系：应用型文章要有理论支撑，理论文章和研究报告要讨论应用启示。……稿件不能只是重复别人的观点，而应要提出新的原创的洞察或阐释。（E2）

> 研究操作是否科学地开展，有没有明显的问题，研究方法有没有明显的缺陷，有没有提出较为深刻的见解。（E1）

# 第 9 章
## 外系统：教师科研与学术发展的外环境

> 研究应该原创或者复制并延伸别的研究；作者应将研究立足于前人文献基础之上。(E3)

（3）论文写作和论文结构是否清晰。

> 稿件要清晰，在结构方面写得好……研究方法章节要清晰详细，方便审稿人对研究进行评审。(E3)

> 我们不仅会看作者的观点，也看作者是如何通过数据发展和支撑自己观点的。……就我所记得的，至少80%的稿件是我们两位主编评审后就拒了的。在这个阶段，我们不会给详细评审意见，所以我们不会给[作者]评审报告。在拒稿信中，我们就说为什么我们认为稿件不合适。有时候是由于稿件不符合期刊范畴，其他一些时候是我们觉得研究的材料重复或者[研究]对期刊读者没多大意义，所以只有20%或少于20%的稿件会送出外审。(E1)

由于有受访教师提到国际期刊主编可能会对来自中国的稿件有偏见，因此对国际期刊主编的访谈中也问及他们对来自中国学者的稿件的看法，他们认为质量很高和很低的稿件都有：

> 我难以得出对中国学者的总结，因为我们有收到很好也有不好的稿件。长处是定量研究做得很好，作者好像对研究方法和统计学掌握得很好。有些作者对当前文献了解得很好并能融入他们自己的研究。弱项是论文写

得不好，或者不能将研究结果延伸到中国以外的地方。（E3）

如果研究是关于，比如汉语为第二外语教学或者国际上的读者对中国的某些话题感兴趣的话，来自中国学者的稿件更有说服力。（E1）

好的文章写得好，研究方法严谨，能够讨论研究对中国以外国家/地区/场景的启示，指引研究的框架较新并与前沿研究看齐。不好的文章特征则相反：写得不好，研究方法不详细，太以中国为中心，或者更糟糕的是，只研究非常小的本土的场景，没有说明研究结果为何跟读者群相关，而且指引研究的理论框架过旧。（E2）

几位国际期刊主编的回答也表明，不会特殊对待来自某个国家或地区的作者：

> 投稿量是肯定增加了，不仅仅来自中国的学者，也来自大量从中国去到国外/境外读书的博士生，比如在美国、澳大利亚等，他们的投稿更加提高了投稿量。有时候我们不会把这些稿件归为来自中国，因为他们的机构单位是澳大利亚或者美国的大学，因此会算作来自美国或澳大利亚作者的稿件。来自中国的投稿量是增加，但没有来自中东国家的投稿量增加那么大，［我们］每年有大概 100 到 150 篇投稿，过去这些年这个数字在稳步增长。我们会尽量使［来自不同地域的］期刊读者和作者匹配，但是不希望某个特定地区的作者主宰一本国

## 第9章 外系统：教师科研与学术发展的外环境

际期刊，因此会尽量使得作者多元化。但是我们录用稿件是根据论文质量而不是作者的地域，如果论文质量好，我们就录用。(E1)

我们重视世界性的读者并尽力发表国际学者的文章，并没有针对某个地区/国家的策略。换言之，文章质量重于文章的来源地区或国家。我们有经过良好训练的研究助理去审核论文，她会执行台拒绝① (desk rejects)，这样能减少送出外审的论文数量。我们没有针对特定国家的策略。我们审阅所有来稿，并没将中国当作正面或是负面来特殊对待。换言之，来自中国的稿件也要符合期刊的质量标准。(E2)

我的目标是发表好的研究论文，如果大量研究是来自中国［学者］的，没问题。我们没有设定一个配额说需要一定数量的国际论文或来自美国的论文。(E3)

当被邀请向拟投稿国际期刊的中国学者提出建议时，几位国际期刊的主编的建议可以总结为以下几点：
(1) 不要急躁，要踏实做好研究。

我想全世界不管是哪个地区的学者都面临的挑战是必须在国际期刊发表论文。在中国如此，在澳大利亚如此，在美国也如此。但是应对这一挑战真正的对策不是仓促地做不够好的研究。要将精力放在产出最优质的研究，要找到在某个领域最重要的议题、观点或最有意义

---

① 指对不符合期刊质量要求的论文当即拒稿。

的研究空白,然后设计出严谨的方法来解决或填补知识的空白,这样你就能做一个很好的研究。(E1)

理论和研究方法要新。(E2)

研究要建立在现有文献的基础上。(E3)

(2) 研究要有创新,尤其要跟中国以外的读者相关。

他们不应仅仅讨论在中国发生的事,也要讨论这事对中国以外其他地区(包括中国)也很重要。这是好文章或好的稿件能够经得起最初的评审和同行评审的因素之一,他们有话要说,对中国以外的读者也有有意义的话要说,因为很多审稿人不是来自中国的,可能来自世界各个区域,他们希望看到文章汇报的研究对他们而言也是重要的。(E1)

要准备好解释[自己的]研究对国际上的而不仅仅是中国的读者具有重要性。(E2)

你要确保讨论为什么你的研究对中国以外的读者也很重要。(E3)

(3) 论文的写作质量要高。

投稿到国际期刊时,稿件要尽可能从读者的角度读起来令人愉悦。(E1)

写作质量要非常高,需要的话可以寻求论文编辑员的帮助。(E2)

我的主要建议是学者们仔细研读他们要投的目标期

# 第 9 章
## 外系统：教师科研与学术发展的外环境

刊的过往文章，确保在格式、结构、论文细节程度等方面与这些文章接近。确保文章遵循 APA 或者其他格式，如果没有遵守期刊指引，会给主编和审稿人传递很坏的信息。(E3)

在访谈国内期刊主编时，就"投向国内期刊的稿件经常石沉大海"这一现象，国内的两位期刊主编给予了详细的阐释。首先，原因之一就是国内外语类稿件投稿量太大，据受访主编反馈，主编 E4 的期刊每年接稿量大概 1000 篇，而主编 E5 的期刊每年接稿量有 1500～1600 篇，因此，这些期刊每年处理的稿件量数倍于同样高级别的国际期刊：

我们不可能每一篇都送到专家那里去，没有那么多专家资源，投稿量那么多，一年一千多篇，你不可能找一千多个专家给你审稿，所以要大量淘汰。所以最后送到专家那里去一般就是 20% 到 30%，我们按照这个比例送到外审专家那里去。所以不可能[都反馈审稿意见]，国内其他期刊也做不到的，因为国内那个量太大了，国际上的期刊它没有那么大的量，你想，一般的国际期刊它一年两百多篇，两三百篇的投稿量，因为国际论文的话不是谁都可以投。所以他们一般来讲两三百篇，据我了解的话，就两三百篇，很多稿件都是编辑直接就退掉了。(E5)

第二个原因是很多稿件的质量实在太差，据主编反映，给如此大量而质量差的稿件反馈意见，从编辑部人力方面来讲既做不到，也没有意义：

> 我们一个月少的有五六十、六七十篇稿子，多的有一百多篇。有些稿子它压根就不值得你去评论，整个选题都是那种很糟糕的，花那么多功夫没意义，真的没意义。……那些文章离我们的要求都远得不得了，连那个基本的规矩，基本的研究都不会做。(E4)

> 有的论文质量很差，一看就知道你没必要提出详细的意见，因为它整个文章根本就没有什么研究基础，写一个文章，你跟它提意见实在是没有什么意义的，而且也没有这么多精力去提，不现实。所以我们只有［送外审后］反馈外审专家意见。国际期刊也是这样的，国际期刊的话它编辑也要筛选一次。(E5)

> 文献综述这块很多人写不好，就是他的问题怎么来的，很多作者不会写文献综述，罗列的很多，罗列现象很严重，他没有真正地消化，真正地理解文章，把别人的文章作的这个摘要，简单的罗列式的文献综述比较多一些，没有真正消化，找到问题的能力差。……研究方法也是一个重要问题。有的作者研究方法没有说服力，研究方法不规范。还有就是理论性问题，是文章的深度，这是一个提高论文层次和档次的问题。你要有好的研究问题，还要通过方法，因为你要对结果进行阐释嘛，所以你的阐释是在什么角度，放在一个什么框架里，这是很多文章比较弱的，因为它就数据而数据，数据说明什么问题呢。所以没有经过特别严格训练的老师在这方面比较弱，我们发现很多文章都是就数据讨论数

## 第9章 外系统：教师科研与学术发展的外环境

据，就例子讨论例子，他没有结合问题的来源、前人的研究，跟别人有什么区别或者不同，说明了什么，他都要有一定文献内容的结合，相当内容的结合，和你的问题的提升，这个是普遍比较弱的。包括前面讲的文献综述，还有研究问题的来源不可靠，看不到他是在别人的基础上推进的，因为我们人文学科的话，都是站在前人的肩膀上往前走的。(E5)

主编提到的第三个原因是，由于国内投稿量大，现在学科越来越细化，很多稿件可能专注于很细的话题，而一般难以找到完全主研这个特定话题的专家，因此可能只能找一个大方向的专家。如果专家反馈的意见写得稍微有偏差，在这个网络发达的时代，有些作者会将反馈意见以及自己的不满直接放到网上，对期刊和专家都会造成很不好的影响，这也是导致编辑部有时候忌讳反馈过于详细意见的原因：

> 假设有这么一个情况，有一个人写了一篇稿子，看起来是二语习得，是大方向的，找了一个这方面的专家审稿，这个专家呢……可能对某一个小方面的问题他没有研究，他要去找资料来看的话也找不到，那么他万一找不到，没有去找，然后写了 comments，说不定有时候就是错的。……那么国内有的作者可能会这样，这个也不是我说的，是别人说的，就可能他把那个期刊给的 comments 拍成照片挂在网上，说我这个文章写这个问题，那个审稿人，就说我的东西怎么怎么的……这样的话，不光是 reviewer，而是整个期刊都会受到很大的打

193

击。这个是真的，这种事很多，我听别的主编谈到。(E4)

此外，就国内期刊发文章要有社会关系的说法，主编们也表达了观点。首先，他们认为，有人类社会的地方，就有关系，是很正常的，可能国内有些期刊做得比较糟糕，但是大部分期刊都越来越规范：

> 我觉得发文章也好做别的也好，社会关系这个是肯定有的，国外也有的，不是说国外就没有……这个是正常的问题，但是国内呢估计有一些［期刊］稍微做得比较糟糕一点……现在好一点了，国外的学者做不到因为他见不到面，比如说在不同的国家他见不到面，所以就少了，相对来说国内更多一点，而且有些地方做得不好。但是有些期刊的主编他铁面无私的也有，他可能校长给我的也不要，所以很难讲。(E4)
>
> 这个我觉得现在应该不是太突出了吧。只要稍微规范的期刊，总体来讲，你说通过关系发稿的现象，还是不太明显的。就包括我自己的话，都是投稿的，虽然我自己作为主编，也认识外语类的一些期刊，其实越是做这个，大家越是都各自去投稿，没有找关系的，因为文章是靠质量的，……他不会说你有关系，你的文章差都会给你用，这个时代早就过去了。这种说法不太现实，可能是一些偏见吧。可能少部分期刊有这个现象，这种现象无论在哪个地方都会存在，哪个国家哪个期刊，但是大部分我觉得不存在。因为现在期刊讲究引用率，文

## 第9章 外系统：教师科研与学术发展的外环境

章质量好不好引用率最清楚的，期刊的话，尤其是影响力比较好的期刊，排名比较靠前的期刊，我觉得不存在这种问题。(E5)

主编们的观点在对高校科研管理部门负责人的访谈中也得到印证：

> 现在很多期刊实际上也都已经在转变，因为原来的话期刊要自己去找办刊的经费，所以会出现要版面费等的事情，但是现在国家对一些优秀期刊加大投入，已经由收版面费转变成发稿费了，而且如果有学术不端或者不诚信的作者，也会被纳入黑名单，也是建立了联盟，不是单一期刊不用，而且是整个联盟的期刊都不用。所以我想这些事情，包括制度建设包括风气在慢慢形成，肯定会有改变的。……因为各种评价体系，各种评价指标对期刊的约束越来越大，谁都不想期刊在自己的手里面越办越糟糕，如果失去了诚信或者声誉，也办不下去。(G1)

从以上反馈可以看出，期刊主编在稿件录用方面的重点考量是论文质量，因为论文质量跟期刊的评价、期刊引用率、期刊的声誉和发展直接相关，纯粹凭关系而发文章的时代已经过去。主编E4甚至谈到自己投的文章也被其他期刊主编拒稿的经历：

> 我有一次写一篇稿子给一个期刊投过去，……他把

我稿子否了，说什么这个地方不对。我后来看了一下，是学术观点的问题，他觉得不认同，那就不认同，没办法了，我觉得正常，我还是理解他，因为这是意识形态、是人的世界观的问题嘛，不是说我的不行，只是说我的他不认同。（E4）

当然，不排除如果论文选题新颖而"有关系"的话，或许能够获得修改的机会：

> 一个前提是他必须要有这个能力，比如说他那个选题好，他如果修改能够基本达到。这种可能是有，不排除，但是不是说因为关系你拿来我给你用，这种我觉得可能性很小的……基本上还是以质量为准，因为各个期刊它都要讲录用率啊，期刊排名啊，所以好文章在哪本期刊都不会轻易漏掉的，这一点我觉得是肯定的，不管是哪一类期刊，好文章它都是很珍惜的。除非那种以赚钱为目的的期刊，不愿意有好的口碑的期刊，那些期刊是极少数的。……大部分期刊都是以质量为准的，因为他要引用率嘛，还有那个评价嘛，那些 CSSCI 期刊每年每两年都有专家评审啊，所以现在来讲的话，越来越规范了。（E5）

此外，访谈中也邀请国内期刊的两位主编对有意向投稿到国内核心期刊的外语教师提出建议，他们的建议主要总结为以下三点：

（1）首先要学会如何做一个好的研究。

## 第 9 章
外系统：教师科研与学术发展的外环境

我觉得希望发文章的人最基本的是要学会怎么做研究，就是你的科研方法，去读文献，了解这个学科，这是最基本的。我们现在很多人不具备这个能力去写文章。(E4)

(2) 要切实开展跟本土学科相关的、对学科发展有用的研究。

一个是跟着国外的发展趋势，就是看别人在干嘛，另外呢，应该结合中国的实际，现在我们很多高校老师去写文章，跟他做的没关系，他可能是去综述别人的文章，可能介绍别人的文章，所以来来回回老是没有落地。所以说根据国外的理论也行，我们自己的理论也行，对我们在教学中碰到的一些问题做一些论证，比如说，某种教学方法可能在哪个国家可以，在中国不一定可以，那么中国有什么特点，哪个方面的问题，等等，这对我们提高外语教学具有帮助，所以写文章就是希望为我们整个学科发展做一些贡献，而不是介绍些东西搞搞笔记，评职称做个教授什么的。所以我觉得本土化也很重要，要结合我们中国的实际来探讨问题。(E4)

(3) 增加对期刊的了解，研究选题要符合目标期刊的选题范围，并且按照期刊稿件格式要求编辑好论文，论文要反复修改好，不要急于投稿。

选题要符合期刊用稿的范围，因为每个期刊的用稿都有范围,要符合它的特点,……比如像我们期刊的话,选题是不是前沿,它的研究问题是不是具有一点前沿性,是不是针对当前的一些热点问题、典型问题,写文章要注意这个问题。……我们发现很多作者的稿件不是很成熟就投,文章可能选题好,但是作者很多没有耐心把它改好再去投,这样往往很难成功。当然有时候我们觉得选题好,会给作者修改的机会,有时候会修改一次两次,但是如果他没有认真地改,或者他在改的过程当中没有意识到自己的问题或者理解有问题,这样的稿送出去,也通不过……比如他的研究问题很清楚,整个论证过程也很规范,语言文字表述也很简洁清晰,可读性很强,这种稿件往往是可以过的。(E5)

要了解这个刊物。……有时看一个稿子,你明显看到这个稿子是给一个比我更好的杂志推掉了,或者说是写给那个杂志的,参考文献也不改,整个贴过来,感觉不是特别舒服。当然如果是好文章,你也没办法。但是你应该按照我的格式来改一下,至少要这样,很基本的。……作为老师,你要看我这个杂志登什么文章导向是什么,你要跟踪杂志的整个发展和重点,做研究要严谨。(E4)

## 9.2 学校政策

学校的绩效考核、职称晋升、科研奖励等方面的政策同样是外系统中重要的生态因子,对教师的科研和论文发表起

## 第 9 章　外系统：教师科研与学术发展的外环境

到很大作用。比如，受访教师谈及，论文和科研项目都是职称晋升必然的条件，有些学校甚至会对成果有效期予以限定，比如 5 年内有效，过期没评上职称的话成果就作废：

> 我自己一直觉得这种职称评价是水到渠成的事，就是你只要做就好了，不要管那么多。但是后来他们说，你要研究啊！我就看了一下，我们学校要求还是蛮高的，如果要评副教授要有 5 篇论文，其中 3 篇必须是 CSSCI，2 篇是北大核心。还有就是要有一个项目，一个市厅级以上的项目。(T7)

> 现在是评副高，一般说，C 刊至少 1 篇以上吧。正高的话，估计一般要 3 篇以上，但这是一个底线，实际中，在平时的岗位上，大家竞争很激烈，自然地就把这个要求提高了。(T9)

> 我们学校最新的政策是不同类型的专业人才有不同的要求，相对来说，对像我们从事大学英语的来说是条件最低的。但即使是这个最低的层面，也是非常困难的。具体来说的话，比如说 5 年之内，至少要发表 5 篇 C 刊，还要是一个省部级课题主持人。那我觉得对于一个大学英语的教师来讲，几乎是不可能的。……这个是评正高的。……如果 5 年过后没评上，这些成果就作废。(T5)

访谈中，有教师提出不应该对外语教师作一刀切对待，而应该根据其偏好和特长，让其在教学和科研二者中择重点而发展。

大学就应该分几类老师。比如有专注教学的，有专注科研的，有教学科研双肩挑的。这个应该有明显的区分，而不是衡量一个老师只从他的科研，或者单从他的教学衡量。今年四月份……去香港，我们看到了香港大学，港中大，等等，他们都是有一些老师就是只负责教学，虽然他们教学任务非常重，就是几乎每天都有课。但是有一些就是纯搞研究的写论文，教学可能就很少，偶尔做一些讲座。我觉得这样分工就比较明确。这样就比较好，因为有些人就比较擅长教学，但是有些就比较擅长科研，而不擅长教学。我觉得这种模式就是我们应该今后大力推广的，而不是说老师既教学又做科研。因为上职称对教学的衡量还是很少的。甚至就你拿一个教学奖，我指的是讲课这一块，这也是衡量一个教师很重要的因素。但是你拿一个省级甚至国家级的教学奖，都不如发一篇 SSCI 或者北大核心、南大核心的论文好。所以这样使得好多老师轻教学，重科研，就有这个偏离。（T6）

在访谈中，期刊主编在谈及论文质量不理想时，也提到了当前的评价制度导致所有人都写论文，而真正能把研究做好、论文写好的人不多：

　　不可能所有人都有能力去写文章的，这个问题是说因为搞那职称啊，那个评估啊，那个考核啊，有很多文章是没有什么质量的。（E4）

## 第9章 外系统：教师科研与学术发展的外环境

此外，正如5.2.6小节所汇报的，在问卷调查的最后部分，有教师提出"希望学校能区分文理科的学科特点，不要用衡量理科的标准衡量我们的科研成果"以及学校不应该"轻视人文学科，完全按省教育厅文件统一对待文理科"。在访谈中，教师也提到，学校在制定政策方面，应该考虑文科和理工科的学科差异，而不应该使用统一标准对外语教师进行评价考核。

> 我觉得我们学校对于职称评审，绩效方面的政策有一点脱离我们社科，文科的性质。我觉得他们完全按照理工科的标准，我这么认为吧，我的周围很多同事也这么认为，一个是量化的标准。比如说其他理工科他们发SCI，他们的journal可能更多。他们每一期的issue也会多得多。不像我们的都是quarterly issue，一年有的出一本，它就只有20篇。那20篇的话全世界都在争这个东西。但是他们[理工科]可能是monthly issue，一年十二期呢。……然后他们出东西也许会比我们快，短平快。(T4)

> [学校]想做世界一流大学，又不能舍弃我们文科。所以就鞭策我们往前走。现在整个体系就是完全对待理工科一样地对待[文科]。要求我们要有多少量啊，多少项目啊。(T4)

也有教师指出，学校相对轻视文科，对文科教师的发展没有多少支持政策：

201

我们是个理工院校为主的院校，所以大家对文科做科研的意义的认识就很模糊，对它的价值也很模糊。另外就是因为文科给学校带不来太多的经济效益和名声，所以学校其实对于文科的发展不是特别的支持，没有特别多的倾斜和支持。(T3)

在谈及学校对在国际核心期刊如 SSCI、A&HCI 收录的期刊发表论文的政策支持和奖励等方面时，很多教师提到学校会有现金、科研分等不同形式的奖励，但是不会对在国际普通期刊发的文章予以特别奖励。

如果你要能发表了一篇 SSCI，或者发在那个叫什么，比如说你要在 Cognitive Linguistics，Lingua，或者是 Language Learning，这些顶级的 SSCI 语言学方面的文章，或者是 Linguistics。那个发表一篇，奖励 5 万。[对于普通的国际期刊] 好像大家不太提倡。在国外，你比如说咱们学日语的，跑到三级的，三流的期刊，私立学院学刊上发表的话，也算是国外发表的文章，但是好像没有人把它当一回事。(T10)

学术评价政策，就是和每年这个绩效挂钩，因为我们理工科的老师们发 SCI 还是比较多的。然后呢，发一篇学校可能奖励多少钱，包括这个文科方面也是，发一篇 CSSCI 会奖励几千。SCI 应该是奖励几万吧。(T6)

论文方面，对于普通类的那种期刊就计分，但是不算奖励。只有核心发了才又算分又算奖励。奖励也不算多，就几百块钱。……国际期刊的话，目前我们也还没

## 第9章
### 外系统：教师科研与学术发展的外环境

有一个人得过这方面的奖励。……不是外语类的那种专业，他们都发 SCI，SCI 奖励很大的。然后科研项目，他们立项的金额也比较高，所以得的奖，按比例算也是比较高，几万块，高的有十几万块，外语是没有的。(T2)

每个单位自己会奖。就是学院层面会奖励，这个金额的话呢，是经常调整，就换了领导，金额就会调整一下。就比如发 SSCI 的话呢，第一作者的话应该会拿到一万块钱。如果是更好的期刊有可能会有更多，如果是普通的 C 刊的话，可能有三千块吧。(T1)

文科很少，因为我们是一个地方院校，学校定位是应用型本科院校。本身本科的历史也不长……按照分值，例如一篇国际 SSCI 是 20 分，国内的一篇 10 分，自然就转化成两篇了，就都量化了。(T9)

也有教师提到，学校的政策总体作用是推动教师做科研，但是对科研做得真正好的教师的奖励或激励政策则不到位：

这个科研奖励仅起到门槛作用，就是要把那些没兴趣做科研的人逼起来做科研。但是真正科研做得好的，这种奖励的政策或者就科研的匹配来说，并没有给到位。……刚开始的时候，我记得规定的是发 SSCI 奖励是一万。但是把期刊按照国际国内的统一标准制定了一个梯次，这样很多 SSCI 期刊也被学校规定为梯 3 和梯 4 层次，尤其是语言学领域的期刊，最高可能是梯 3，基本都是梯4，跟国内的期刊一样的等次，这个科研奖励就是2000，比以前还要少。……首先能在这些期刊发文的人不是特别多，对大部分人来说这个政策是没有意义的。但对我来说这个政策就是打击。……我现在因为受了训练，自己在写文章方面又有足够的兴趣和足够的信心。可能我发文章会稍微容易一点，所以我可能陆续会有文章出来，但是呢没有这样的政策［支持］。(T3)

值得一提的是，虽然受访教师谈到各种奖励方案，但是如果教师本人没有职称晋升的迫切需要，即便科研产出不多也不会受太大影响。但是，某些重点高校会将论文发表纳入教师聘请考核的硬性指标，有的会要求讲师级别的教师在一定年限内晋升职称，否则会被安排转岗。

我们现在是每一年学院要考核。要 report 你这一年有什么东西。如果你今年一篇文章都没有什么的，我听说是要扣年终奖，扣一定的比例。如果三年的话就是聘期考核。每一年叫年度考核。三年的话就是要到学校去考核，就是第一次首聘。如果说按合同，如果你过不了的话，那可能就不会跟你再签了。(T4)

目前的状况就是如果你有文章发，有很好的文章发的话应该能够拿到一些科研奖励。但如果你选择不发的话，好像也不会对个人的工作有太大的影响。除了讲师以外，讲师是一定年限之内升不到副教授就会有被离职的危险。如果是副教授的话，你不发的话可能学校也不会对你有什么措施吧。(T1)

## 第 9 章
外系统：教师科研与学术发展的外环境

可见学校的职称评审和绩效考核政策对教师的论文发表能产生直接影响作用。在访谈中，两位来自高校科研管理部门的负责人也就访谈问题介绍了其学校的科研激励政策。根据对访谈数据的分析，可知目前国内高校大多根据学校的发展目标和具体情况制定了相应的科研激励政策。如，科研部门负责人 G1 所在的高校以前的政策是每发一篇 SSCI、A&HIC、SCI 论文奖励约两万元，随着教师发文数量的激增，相对调整了政策，将奖励金额核算到学院，由学院进行二次分配。科研部门负责人 G2 所在的高校也为了起到更有效的激励作用，拟进行科研奖励政策的修订。当问及学校层面能够怎样更好地推动高校外语教师开展科研和在国际核心期刊发表论文时，两位负责人认为从学校的角度难以就外语学科进行特殊的政策倾斜，但是学校政策对人文学科和理工科是有分开对待的：

> 单独的［政策］没有，因为现在强调这个学科特殊性的也不止外语，还有艺术、体育，他们也都说自己是一个很特殊的群体。艺术的老师要拿项目、发文章，也不见得很容易，还有体育，所以如果单一地对外语老师开一些政策通道的话，我们学校就肯定不会，但是出台一些文理不一致的政策是肯定会的，毕竟学科的差异，文理的差异很大，不可能说通用的，所以文理之间的政策还是会不一样。(G1)
>
> 从学校层面，没有具体给做外语老师额外的倾斜，这个比较难，因为学校是一个综合性大学，不能说对某一个学科给予专门的支持。但是我们有研究氛围，不是

很显性层面但是潜在层面的支持是有的。比如我们学校有这么多外籍教师，这些教师是会给我们带来资源的，特别是在外语研究这一块……另外，学校有专门的文科基金，专门针对文科老师的，当然不是针对外语，但是外语拿的还是有一定比例的。(G2)

## 9.3 讨论

本章汇报了高校外语教师国际学术论文发表生态系统外系统的主要生态因子：学术守门人和高校政策。外系统不包含外语教师本人，但是外系统的事件和进程对外语教师论文发表起到了影响作用。

本访谈研究的一个重要结果是，国际期刊和国内期刊的用稿标准不一样，这可能是国内学者投稿国际期刊时需要有充分意识的。3位国际期刊主编都提到稿件一定要强调其研究对国际的、中国以外的读者都具有重要性，也就是论文研究要有国际意义。而面向国内期刊的稿件，往往立足于国内的语境，不需要具有国际意义，正如主编E4所强调的，本土化也很重要，要结合中国实际开展研究。因此，将立足我国本土的研究论文投向国际期刊时，作者需要有意识地思考和阐明其研究为什么、从哪些方面对国际读者具有重要性。如果外语教师投稿时缺乏这种国际读者意识，很可能会被拒稿从而形成一个印象，即如教师T8所谈到的，国际期刊主编对来自中国的作者会区别对待。文秋芳（2017）也指出，中国学者在选题上面临"国际化"还是"本土化"的两难

# 第 9 章
## 外系统：教师科研与学术发展的外环境

选择，如果过于着眼本土色彩较浓的问题，文章会因为狭隘性、特殊性，缺乏国际意义而难以发表。文秋芳（2017：13）强调我国应用语言学学者应该解决本土问题，但也应该"通过'包装'，巧妙地将自己的研究置放于国际背景中，与国际学者对话"。

此外，受访教师反映投稿国际期刊的挑战之一是有时候因为审稿意见非常尖锐而感到打击很大，而一些教师谈及收到审稿意见后，修改并回答审稿人和主编提出的意见非常重要。这印证了前人关于英语学术写作的研究发现（Belcher, 2007；Canagarajah, 2003）。Belcher（2007）指出，刚入门的作者有时候面对尖锐的审稿意见会误以为主编打算拒绝其稿件，而放弃认真修改。Belcher 进而强调，边缘作者在国际发表方面要有耐心和坚持的态度。Canagarajah（2003）也指出，国际学术论文发表要在实践中积累经验，这经验极少能够在出版物中读到。Swales 和 Feak（2011）专门出版了专著，就如何写诸如与审稿人往来这类体裁给了丰富的指引。可见，与主编、审稿人沟通往来是外语教师投稿国际期刊所必须具备的重要技能之一。从很多受访教师的回顾中可以看出，一旦熟悉了国际期刊论文发表的审稿流程，对详尽而尖锐的审稿意见有了认识并以平常心对待后，按照主编反馈的意见反复修改，会在论文写作上不断进步。也就是说，正如 Belcher（2007）所指出的，在国际学术论文发表方面的新手教师要经得起一开始的"打击"，踏实地审视并修改文本，会发现审稿意见无疑是引领自己学术发展的路标，只要坚持下去，持之以恒地进入这个无形的投稿—审稿—与主编互动的"实践共同体"，教师就能够积累经验，取得进步。

当然，正如在访谈中教师 T1 提到的，也不排除审稿意见不合适或者并不完全正确，这个时候就需要教师自行判断是否继续修改或者改投其他期刊。

此外，国际和国内核心期刊主编就论文发表方面所提出的观点有很多共通之处。比如，强调论文一定要符合学术规范如 APA 或其他格式，也要符合目标期刊的要求，这直接体现了作者的治学态度。在英语学术写作领域中，关于这方面的讨论也很多。很多学者指出，当前大部分国际核心期刊都使用英语，遵循西方的语篇范式，这对边缘学者是一个挑战（Belcher, 2007；Feng et al., 2013）。这种西方的范式包括很多方面，比如引文的格式、论辩的展开、模糊语（hedges）和元话语（metadiscourse）的使用、突显作者的声音（authorial voice）等（Flowerdew, 1999；Hu & Wang, 2014；Hyland, 2005, 2016a）。Hyland（2016a）认为，与其说英语非母语的作者在论文写作中因为语言而处于劣势，倒不如说他们是对这些西方语篇范式不熟悉。这个观点也在本访谈研究中得到证实，很多教师提出对国际期刊论文范例不熟悉是影响他们国际学术期刊论文发表的因素之一。此外，从受访主编的访谈可以看出，国内核心期刊对稿件质量的要求也与国际期刊相近，对稿件的格式、结构和研究的深度、论文的阐释等都有严格、规范的要求，如主编 E5 特别指出，很多来稿的文献回顾流于罗列、只汇报数据而没有阐释研究结果等。可见，要提高论文在优秀期刊发表的成功率，无论是投稿国内期刊还是国际期刊，外语教师都需要从发现研究问题、数据收集和分析、论文撰写等各个方面予以科学操作，才能在大量稿件中脱颖而出。

# 第 9 章
## 外系统：教师科研与学术发展的外环境

就国内期刊对稿件没有反馈意见或者意见很简短的问题，访谈研究表明这是囿于特定国情的现象。最重要的原因是国内外语期刊投稿量太大，受访主编的期刊每年投稿量能高达 1500 或 1600 篇，编辑部有限的人力难以对每一篇来稿都予以反馈。主编 E5 提出国际期刊每年处理的投稿量很少，而且也是经过编辑部处理完送外审专家后才会有详细的反馈。这在主编 E1、E2 的访谈中得到印证。相对国内的海量稿件，主编 E1 提到其期刊每年处理的来稿量是 100~150 篇，而且在执行台拒绝时也没有给作者提供审稿报告。国内外语稿件投稿量大的直接原因可能是外语类核心期刊数量少而高校外语教师人数众多。国内外语核心期刊，尤其是在职称晋升和绩效考核中举足轻重的 CSSCI 外语类期刊数量很少，从 2017 年的目录看只有 11 种"外国语言文字"类期刊和 6 种外国文学期刊①（而且这 6 种期刊也刊发其他学科如中文教师的论文）（南京大学中国社会科学研究评价中心，2017），这与庞大的高校外语教师队伍形成强烈反差，以至于汪晓莉、韩江洪（2011：49）写道，"2008 年外国语言文学 18 种期刊刊载的文章总量为 1932 篇。按照这一发文总量计算，目前中国有 11.94 万外语专任教师，如果每人要在 CSSCI 来源期刊上发表 1 篇论文的话，大约一共要 62 年"。

---

① 这 11 种"外国语言文字"类期刊是：《外语教学与研究》《外语界》《外国语》《现代外语》《中国外语》《外语电化教学》《外语教学理论与实践》《中国翻译》《外语与外语教学》《外语教学》《外语研究》。这 6 种外国文学期刊是：《外国文学评论》《当代外国文学》《外国文学研究》《外国文学》《国外文学》《俄罗斯文艺》。

此外，根据主编的反馈，大量稿件的质量很不理想，从研究到论文写作，质量都很差，没有必要也难以做到花费大量人力去给予详细的反馈意见，这是可以理解的，尤其因为期刊的审稿人通常是无偿为期刊审稿的。因此，作者更应该提高自身科研能力和论文写作能力，寻求论文发表的突破。第三个原因是个别作者的越线行为。由于学科的细分，有时候审稿意见未必完全正确，然而学术讨论和交流应以理智、科学的态度进行，个别作者却将主编反馈的审稿意见直接通过公众网络传播甚至发泄不满，这种行为只会恶化学术环境，造成了编辑部会产生顾虑甚至避免反馈过于具体的审稿意见。

关于论文发表需要社会关系这一说法，本研究发现，很多受访教师表示对此有所听说。但有的教师认为论文质量至关重要，即便有社会关系，质量差的论文也难以发表，这与国内期刊主编的意见一致。主编们表示，论文质量与期刊的声誉、排名、引用率等息息相关，作为学术守门人的主编不可能凭关系录用文章，主编 E5 特别强调，好文章在好的期刊是不会被漏掉的。受访教师也讲述了自己没有关系而成功发表文章的经历，主编 E4 也谈到自己文章被拒的经历。总的看来，本研究跟 Shi 等（2005）的研究结果不完全一致，在 Shi 等（2005：769）的研究中，有主编谈到著名学者、同事朋友会找他们发文章，"很多文章是经过诸如政府官员或者老朋友的帮助而得以发表的"。这大概由于 Shi 等（2005）的研究是在十多年前，而现在国内学术环境不断朝着良性发展。诚然，不能否定这种现象仍会存在，也不能否认对于一篇选题新颖的论文，有社会关系的作者可能可以获得进一步修改的机会。但是总体说来，从受访教师的经历、

第 9 章
外系统：教师科研与学术发展的外环境

主编和高校科研管理部门负责人的视角分析，国内核心期刊在审稿录用方面日益趋向规范化发展。

虽然本研究重点关注外语教师在国际学术期刊发表论文的情况，但是国内期刊论文发表也会对外语教师产生激励作用。在国内核心期刊成功发表论文能够提高教师的科研信心和动力。同时，如果国内核心期刊对论文的理论深度、研究数据分析、研究结果的讨论等各方面的范式与国际权威期刊接近，则更能促进外语教师在论文撰写方面积累经验，推动其向国际期刊投稿，在国际学术界发出自己的声音。

## 9.4 小结

本章汇报了高校外语教师国际学术论文发表生态系统外系统中学术守门人即期刊主编以及学校科研激励政策等生态因子的影响。虽然这一外系统不包含外语教师，但是对外语教师的科研和学术发表能够产生重要影响作用。

# 第 10 章 大系统：教师科研与学术发展的宏观环境

根据 Bronfenbrenner（1979，1993）的嵌套式生态系统理论，处于微系统的发展中个体的行为，受到外部其他生态系统的层层影响。本章将着眼于大系统的影响因子，大系统指广阔的意识形态，指隐含却无处不在地影响特定文化所有成员的社会蓝图。可见，大系统所包含的因素很多，本研究基于所搜集的数据，着重宏观政策与学术文化话语导向、国际科研态势等方面对高校外语教师国际学术论文发表的影响。由于大系统的这些因素涉及较高层面的信息，本章除了汇报本研究数据中所反映的这些因素，也利用文献检索所得的结果，结合相关的文件以及学术文献，以呈现更为丰富的大系统概貌。

## 10.1 宏观政策与学术文化话语导向

国家的宏观政策导向无疑是指引高校学术发展的风向标，对地方政府、高校的科研和评价政策起到直接影响作用。近些年来，随着我国大力发展高等教育事业，尤其是通过"211 工程""985 工程"强校项目的建设，国家从改革

## 第 10 章　大系统：教师科研与学术发展的宏观环境

开放初期的与国际接轨，到近些年推动中国文化"走出去"、建设世界一流大学、一流学科等政策的实施，对高校教师的科研提出了新的要求。2011 年 10 月 18 日，党的十七届六中全会审议通过了《中共中央关于深化文化体制改革、推动社会主义文化大发展大繁荣若干重大问题的决定》，提出了更加自觉、更加主动地推动社会主义文化大发展大繁荣，繁荣发展哲学社会科学，建设社会主义文化强国的战略方针。同年 11 月 7 日，教育部和财政部联合印发了《高等学校哲学社会科学繁荣计划（2011—2020 年）》的通知，教育部也同时下发了《教育部关于进一步改进高等学校哲学社会科学研究评价的意见》和《高等学校哲学社会科学"走出去"计划》等文件。这些政策文件体现了国家立足社会主义核心价值观，发展繁荣我国哲学社会科学的大计，在鼓励将先进理论引进来的同时，也强调优秀的中华民族文化"走出去"，争取国际学术话语权，建设文化强国的目标。国家的政策导向对高校人文社科建设以及科研发展战略目标的制定起着重要指引作用。当谈及国家层面上推动外语教师开展科研的政策，科研管理部门负责人 G1 提到：

> 国家层面已经有了，其实国家社科基金的中华外译项目主要是推动外语教师在翻译上的科研，翻译也是创作的一种，所以这方面其实已经有了。……应该说，现在在"双一流"或者高水平大学［政策］的推动下，肯定会出一些政策来推动教师开展科研，其中就包括外语教师。（G1）

近几年国家建设世界一流大学和一流学科的政策精神对高校教师的影响,也从受访教师的访谈中可以看出,特别是重点高校,对教师的科研产出提出了更高要求。访谈中有教师提到:

> 老师的科研水平都不是特别的高,学校现在为了适应国家的"双一流"政策,可能会比较强调科研。(T3)
>
> 那肯定是重视SSCI,现在说要搞一流大学嘛。(T10)

教师T4提到其学校为了争取办成一流大学,对教师实行3年一考核,并且将来可能会实行国际同行评审,可见对于教师来说机遇与挑战并存:

> 三年就要到学校去考核,就是第一次首聘。就是说,按合同,如果你过不了的话,那可能就是不会跟你再签了。……我知道的已经有几位老师他们现在只发SSCI,发的级别也非常高。比如理论语言学直接就发Linguistics。他们真的是有真才实学的,我觉得他们根本就不用担心。但对我们来说就压力很大。(T4)

在国家推动繁荣我国哲学社会科学的同时,也出台了关于哲学社会科学研究的评价政策,强调评价体系的质量和科学性。教育部于2011年11月颁布了《教育部关于进一步改进高等学校哲学社会科学研究评价的意见》,确立质量第一

## 第 10 章 大系统：教师科研与学术发展的宏观环境

的评价导向，要求：

> 正确认识《科学引文索引》（SCI）、《社会科学引文索引》（SSCI）、《艺术与人文引文索引》（A&HCI）、《中文社会科学引文索引》（CSSCI）等引文数据在科研评价中的作用，避免绝对化。摒弃简单以出版社和刊物的不同判断研究成果质量的做法。对研究成果的具体贡献和不足之处作出恰如其分的评价，力戒虚假浮夸。

2015 年 11 月 3 日，中国科学技术协会、教育部、国家新闻出版广电总局、中国科学院、中国工程院五部门联合发布了《关于准确把握科技期刊在学术评价中作用的若干意见》，对科技期刊在学术评价中的功能定位提出了具体意见，明确指出"大力支持我国各类公共资金资助的优秀科研成果优先在我国中英文科技期刊上发表"，"着力解决我国科研成果在国外科技期刊发表后带来的知识产权、使用权、传播权等问题"；"建立健全公正合理的学术评价体系"，强调学术评价要结合定性评价和定量评价，"客观认识和对待国外的期刊评价系统，把握学术评价的主动权"。这一《意见》的提出，对高校教师的科研工作和论文发表起到重要指导作用。

与此同时，国内学界特别是从事人文社科研究以及语言政策与规划研究的学者也纷纷对在学术评价中过分强调 SSCI、A&HCI 数据库引文以及在国际学术发表中英语独大的现象提出质疑。朱剑（2009）认为学术评价过分看重 SSCI、A&HCI 论文不利于我国本土的人文社科研究的发展，指出，我国学术界在 1990 年前提出与国际接轨，1990 年后提得更多的是国际化，这一变化体现了我国国力增强、国家意志和学术共同体"对向世界输出中国学术知识产品的执著追求"；然而，人文社科国际化如果单纯强调以 SSCI、A&HCI 作为学术"国际化"评价的唯一标准，将会造成"提倡本土和个性特征的人文社会科学研究"出现倒退，优秀科研成果流失到国外，不利于本土中文期刊发展等后果。胡钦太（2013：5）也指出，自 20 世纪 80 年代，我国引进了大量西方学术成果，"构建了一整套西方的学术话语体系和学术评价体系"，然而，国际论文检索系统包括两大人文社科论文检索系统 SSCI 和 A&HCI 的选刊原则受西方尤其是美国的学术偏好影响，造成了国际学术平台上的西方话语霸权。胡钦太（2013：7）指出，这些国际著名的检索系统：

> 几乎成为各国学术期刊扩大国际学术影响力的主要途径，也是各国研究者了解国际学术动态、提升学术成果国际影响力、引导学术研究方向的最主要平台。而这些著名检索系统都由美国相关科研情报机构编辑出版，选刊原则渗透了美国的学术偏好和学术价值标准。由此可见，美国强势的学术国际话语权不仅仅在于科研成果的高质量，也不止于美国开放多元的学术评价机制，还有赖于美国掌握了整合国际学术资源的资源平台，既充当国际学术界的"裁判者"又是"比赛者"。

研究语言政策与规划的学者也提出，当前国际学术交流平台英语独大以及以西方学术规范作为蓝本，不利于保持人

## 第 10 章　大系统：教师科研与学术发展的宏观环境

类社会语言多样性和语言生态系统中人类交流方式的结构多样性（Mühlhäusler，2000；郑咏滟、高雪松，2016）。郑咏滟和高雪松（2016：76）指出，当前国际学术发表独尊英语实际上"蕴含权力角力，加剧了英语中心—非英语边缘的不平等现象"。因为"英美中心国家的英语学术传统、修辞风格及文献计量手段构成了国际学术发表的参照系，非英语国家学者国际学术发表活动均围绕之"（郑咏滟、高雪松，2016：76），使得边缘学者只能跟随在中心学者后面亦步亦趋。这也一定程度上解释了虽然近些年来我国人文社科学者在国际发表方面有显著增长，然而在引用率、发表期刊档次等质量指标方面仍然不足，与美国等西方知识生产强国有很大差距（邓惟佳，2015）。Feng 等（2013）认为，很多学者的研究如果对西方中心研究提供来自异域的对比或支持才会被认为有价值，如果试图在理论方面参与更大的讨论，往往是不受理会的，也即形成了"中心学者产出核心学术圈知识，边缘学者消费核心学术圈知识"（郑咏滟、高雪松，2016：76）的普遍现象。因此，郑咏滟和高雪松（2016：81）提出一系列的语言政策和规划方面的建议，如争取使我国的汉语期刊进入主流学术引文索引，以亚洲为区域中心，推动制定亚洲索引标准；建立多语种学术语言教学体系；鼓励语种规划与学科建设结合，开设主要学术语种如德语、法语与其他人文学科融合的专业等。Li 和 Flowerdew（2009）也提出本土学术期刊应扩大其区域影响力，加强协作，建构达到国际竞争水平的区域学术数据库。

国内学术界关于以 SSCI 和 A&HCI 作为人文社科国际化或者教师的科研评价标准的利弊方面的话语导向，也在本研

究调查结果中有所体现。科研管理部门负责人 G1 在谈到三大检索数据库的影响时,也说:

> 所有期刊 CI 化,就是 SSCI, A&HCI, SCI 等这些吧,就是 CI 化现象,特别是对于我们这种人文学科,整个大文科来说,其实是不利的,而且我们也比较了一下,很多学校包括我们自己,这些文章,不论什么层次发表,都把它视同高过国内好的期刊,这是不对的,因为这三大索引里面的文章,有些刊物的影响因子或者说它的影响力是非常低的,可能根本没有人关注。但是为了显示国际化,很多学校对这方面进行奖励,比如说你要发一篇 SSCI 很普通的文章,怎么可能跟在《经济研究》发的文章或者跟《外语教学与研究》的文章是同等作用呢,因为看的人基本没有,影响力也基本没有,所以这个是不对的。(G1)

如 5.2.6 所述,有的教师也认为不应鼓励在国际期刊多发文章,因为"不利于中国学术语言主权的维护"。有的教师谈到学校对 SSCI 论文和 CSSCI 论文的奖励标准相同,甚至感觉到 SSCI 的作用开始下降,如有教师在回答问卷最后一道开放题关于学校对国际期刊论文发表的鼓励政策时,写道:"力度不大,整体仅比国内 CSSCI 期刊稍微多些得分,在评职称时基本等同于国内 C 刊论文。但撰写英文论文所花费的时间远高于中文期刊。"调查和访谈数据也印证了王宁(2014)关于有些机构排斥 SSCI 的看法,如调查问卷中有教师指出其学校科研政策制定者"对外语类国际期刊缺乏了

## 第 10 章

**大系统：教师科研与学术发展的宏观环境**

解"，访谈中教师也谈道：

> 我感觉也有这样一个倾向，就是不要刻意地抬高国际期刊发文的人的水平和层次。就算是要强调国际发文也一定是跟国内发文站在同一平台上吧，我感觉啊。（T3）

> 应该说是［鼓励］发比较好的期刊，也没有特别说是国际期刊。社科处有一个规定，就比如说，《外语教学与研究》是最好的，然后 SSCI 如果影响因子很高的那些也算是最好的。就鼓励往那些最好的上面发。然后再往下就核心的但不是最好的，奖励的钱啊等级啊都是跟这些挂钩的。（T1）

> SSCI，我目前了解，我们学校没人发过这个。为什么我上职称没有考虑这一块儿，因为省里面你发英文的期刊吧，有好多高评委，毕竟我们这里我觉得有点落后吧，他不认英文的期刊的，他只认 CSSCI。（T6）

诚然，本研究主旨不是探讨语言政策和规划，从研究数据可见，国家宏观政策以及学术界对国际学术发表的英语独大的反思也会引发高校教师的思考，并会引起是否应该以 SSCI 和 A&HCI 作为学术评价主要指标的思辨。在这方面，我国知名学者王宁（2014）提出，自 21 世纪初，SSCI 和 A&HCI 的引入对我国人文社会科学的国际化起到了极大推动作用，目前应该建立超越这两大检索系统的多元评价机制，将在国际知名出版社出版学术专著、在公认的国际性组织任职、所获得的国际学术奖或国际学术荣誉等纳入评价机制。王宁（2014：83）尤其指出当前的怪现象是一些高校的科研机构将 SSCI 和 A&HCI 作为评价人文社科国际化的唯一标准，而另一些高校则对这两大数据库知之甚少，"仍然停留在如何鼓励自己的教师和科研人员用中文在 CSSCI 来源期刊上发表论文，对他们来说，既然不可能在 SSCI 和 A&HCI 来源期刊上发表论文，那么干脆就将其排斥在自己制定的科研奖励之外。这种自我封闭和虚无主义的态度显然不利于人文社会科学的国际化进程"。王宁（2014：82）也指出，虽然这两大数据库带有西方文化霸权的印记，不能作为学术评价的金科玉律，但其作为国际广泛采用的学术评价标准是不容忽视的，要实现我国人文社会科学的国际化，我们应该摆脱"以往那种'自说自话'和'自娱自乐'的状态而融入国际学术话语中"。

本研究访谈中，国内期刊主编和科研管理部门负责人提出的观点也与王宁（2014）相近，认为我国的人文社科学者应该走出去，参与国际学术对话：

> 我其实觉得我们的研究要走出去，就是要跟国际的学者去沟通，我们就不会说在这里自说自话。(E4)

> 人文社科往外发的声音我觉得还可以更加鼓励。现在特别是，国家在世界的地位发生了变化，……我们说提供中国方案，那到底是个什么方案，别人也好奇，趁这个机会我们也说说话，这是从事社科研究的，包括做语言的，都可以有更大作为，把中国的影响力扩大。(G2)

## 第 10 章 大系统：教师科研与学术发展的宏观环境

此外，近些年来关于高校教师的角色定位、对高校教师的评价机制等成为社会文化话语的重要话题，也在国家政策层面得到重视。虽然如陈桦和王海啸（2013）所指出的，高校教师的主要工作是教学、科研和社会服务，但是，诸如"师者，传道授业解惑"等社会文化话语表明教师"教书育人"的传统职责已成为人们的认知图式，而随着近当代社会的高速发展，高校教师逐渐被赋予创造知识、推动科技和社会文明发展的使命。然而，对于教学工作繁重的外语教师，尤其是任教大学英语的教师，他们认为教学是首要的，对他们的绩效考核不应该把科研与教学并重（陈桦、王海啸，2013）。重科研、轻教学的教师评价机制也不断受到诟病。对此，教育部于 2016 年颁布了《教育部关于深化高校教师考核评价制度改革的指导意见》，该指导意见对改革当前高校教师的评价制度、促进教师专业发展起到重要指导作用。意见中指出，当前"对教师从事教育教学工作重视不够、重数量轻质量的情况还比较严重"；要"以师德为先、教学为要、科研为基、发展为本为基本要求，坚持社会主义办学方向，坚持德才兼备，注重凭能力、实绩和贡献评价教师"；要突出教育教学业绩，"克服唯学历、唯职称、唯论文等倾向，切实提高师德水平和业务能力"，"改变在教师职称（职务）评聘、收入分配中过度依赖和不合理使用论文、专利、项目和经费等方面的量化评价指标的做法"。

这些政策对高校外语教师的科研和国际学术发表也起到影响作用。从调查和访谈研究数据可见，这一政策精神得到很多教师的认同。例如，以下是对调查问卷最后一道题的调查对象的反馈，从中可以看出，很多教师并不认同硬性要求外语教师做科研和发表论文的做法：

> 建议降低对教学型大学教师科研任务量，不要逼迫教师忽视教学而去搞科研。对教师科研不应有硬性规定，而是确实有感而发。（问卷开放题反馈）

> 我不明白学校为什么要激励教师这样做，国际学术期刊发表论文的多少和提高教学质量并没有多大的关系。（问卷开放题反馈）

可见，在国家宏观政策和学术文化话语导向下，尤其是近些年来对高校教师评价的重科研、轻教学现象的公共反思，带来了高校在制定政策上逐渐向多元评价机制、回归教学本体、鼓励科研创新等方向的变化。一方面，国家的"双一流"工程的实施将极大激励高校尤其是重点高校提高科研产出，其教师群会相应获得更大的科研鼓励和科研压力。另一方面，以前的"唯论文"的教师评价机制逐渐转向多元评价，鼓励教师职业的可持续发展，高校外语教师能获得更多的选择空间，尤其是从事大学英语教学的教师，当面临教学工作量大、缺乏专门的科研训练时，可能会将工作重点放在教学和学校服务，兼顾家庭责任，那么其职业发展计划里则不一定将国际学术发表放在重要位置。鉴于我国高校外语教师数量庞大，这种个性化的职业发展规划可能有利于高校外语教师的资源配置和减少教师的职业倦怠感。

第 10 章　大系统：教师科研与学术发展的宏观环境

## 10.2　国际学术发表态势

国际学术发表态势也是影响高校外语教师国际学术发表的宏观环境因素之一。随着全球化以及信息技术的高速发展，国际学术发表已经成为全球重要的文化产业。郑咏滟和高雪松（2016：75）指出，"2014 年全球 700 万～900 万科研人员当年发表了 2 300 万篇学术论文，全文下载达到了 25 亿次，一年产生的经济效益高达 252 亿美元"。很多专家也指出，近些年来国际期刊的投稿量激增，"每年大概有 600 万来自世界 17 000 所大学的学者向同行评审期刊投出超过 150 万的稿件"（Hyland, 2016a：58），可见竞争之大。

这一国际学术发表态势的形成，如 3.4 小节所述，很大程度上与高等教育领域盛行的新管理主义（Lynch, 2015）息息相关。在新管理主义范式下，很多大学为了竞争世界排名，对教师提出了量化的高要求，由于三大国际期刊索引是国际普遍认同的量化指标，高校教师在 SCI、SSCI、A&HCI 等数据库收录期刊发表论文的数量直接关系到高校在世界大学的排名（Jiang et al., 2017），大学管理层也自然将教师在这些重要期刊的论文发表纳入职称晋升和绩效考核的评价系统。因此，高校教师都面临在这些期刊发表论文的压力。对教师个人而言，在"不发表则腐烂"（publish or perish）的学术环境下，学者的学术水平通常与其学术发表联系在一起，因此，高校教师论文发表的质量和数量往往是衡量其学术水平，从而获得课题项目资助、职称晋升，甚至获得政府资助等的重要评价指标。因此，如 Chou（2014）所指出的，当前高等教育界已经形成了 SSCI 综合症。

对于当前高等教育所普遍实行的新管理主义，国际学界提出了各种争议之声。很多学者批评这一管理模式消减了传统意义上大学共同治理或学院式风格（collegiality）的要旨，大学学者面临科研压力而丧失了学术自由和学术自治。张银霞（2012：105）指出，新管理主义致使西方学术职业群体面临几大困境，包括"（1）管理主义在大学内部被强化，学者的学术主导地位进一步受限；（2）学术职业群体分化加剧；（3）学术工作挤压个人生活空间；（4）学者普遍面临学术身份认同危机"。而另一方面，也有研究表明，面对一系列挑战，年轻学者更乐意接受新管理主义话语体系所带来的种种挑战，通过努力证明自身的价值（Lee & Lee, 2013；张银霞，2012）。Tight（2014）则认为学院式风格和新管理主义并非二元对立，完美意义上的学院式风格可能只有很小部分人经历过，而新管理主义也极少以极端方式在大学中予以执行，因为毕竟很多管理者也同时兼任或曾经是大学学者，他们离开管理职位后也很可能仍然从事学术研究工作，因此，大学的管理不应将学院式风格和新管理主义对立起来，而可以将二者融合起来。

可见，在当前高等教育大众化、不断商业化的世界潮流下，源于西方发达国家的新管理主义范式正以蓬勃之态盛行开来，其直接产物是将科研成果量化并强化三大数据库检索论文的评价作用。上述回顾的我国国内学术文化话语及国家相关宏观政策一定意义上体现了对这种新管理主义的批判性思考，在推动我国学术发展的同时为高校教师提供可持续职业发展的空间。

**第 10 章　大系统：教师科研与学术发展的宏观环境**

同时，虽然 SCI、SSCI、A&HCI 这三大国际检索源自西方，现在已经成为国际上展示先进研究成果的重要"竞技台"，特别是 SSCI 和 A&HCI 这两大数据库"开始时每两年或几年对来源期刊进行筛选，现在则几乎是每年都对来源期刊进行筛选，一些出版周期不正常、论文作者范围局限以及论文自引率偏高的期刊被毫不留情地排除了出去，而一些办刊刚满五年就在学界有着较好口碑和较大影响的新的刊物跻身来源期刊的行列"（王宁，2014：83），使得其逐渐成为全球高校以及学术界评价学术成果水平的标准。目前全球学者在国际学术发表方面竞争激烈，这种态势有增无减，正如本研究访谈的国际期刊主编 E1 所说的，中东地区的学者近些年来的投稿量激增。我国人文社科学者应该将我国优秀的文化如哲学、文学等推介到国际，让中国文化"走出去"，因此高校外语教师应该大有作为。简而言之，在国际发表竞争激烈的大环境下，在增强我国学者文化软实力、争取我国学者在国际学术共同体中有更大的国际话语权、促进我国"双一流"大学的建设方面，拥有英语语言优势的大批高校外语教师如何发挥自身作用，是值得认真思考的问题。

## 10.3　小结

本章结合相关文献、国家文件精神以及研究数据，对高校外语教师国际学术发表大系统的主要相关因素进行了分析和讨论。在后面两章，将总结本课题研究，提出外语教师国际学术发表的生态模型，并总结主要的研究结果和研究启示。

# 第4部分

# 研究结果与建议

# 第 11 章　高校外语教师国际学术论文发表的生态系统

本研究报告的第三部分详细汇报了大型问卷调查和深入质性访谈的结果，并且根据 Bronfenbrenner（1979，1993）的人类发展生态系统理论，将影响高校外语教师国际学术论文发表的因素从微系统、中间系统、外系统、大系统的结构上进行汇报。综合上述研究成果，本章提出我国高校外语教师国际学术论文发表的生态模型并予以详细阐释。

## 11.1　高校外语教师国际学术论文发表的生态模型

综合本课题研究的定量和质性研究结果，本课题提出我国高校外语教师国际学术论文发表的生态模型，如图 11.1 所示。

图 11.1 依据 Brenfenbrenner（1979，1993）的嵌套生态系统的理论，将影响高校外语教师国际学术论文发表的因素从微观到宏观进行分层梳理。图中的双箭头表示各系统之间的相互作用。微系统指个体身处的当下环境以及环境中与个体直接地或面对面地交互作用的各种人或物之间的关系。根

# 第 11 章
高校外语教师国际学术论文发表的生态系统

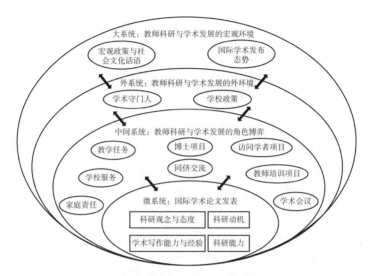

图 11.1　高校外语教师国际学术论文发表的生态模型

据本研究，微系统主要包含外语教师的自身因素，包括科研观念与态度、科研动机、科研能力、学术写作能力与经验等，而且这些因素之间相互影响，共同影响着外语教师的国际学术发表。如，假若外语教师自身并不认同科研的作用或价值，其科研活动很可能是受外部动机（如职称晋升等）所驱动，而外部动机不足以支持其在繁重的教学和其他任务中进行继续学习和科研探索，因此必然导致科研能力不足、缺乏科研和写作经验，进而影响科研产出。因此，微系统中各个生态因子相辅相成，互为因果。

其中，科研动机是本研究重点考察的因素之一。定量结果表明，在当前很多高校奖励性措施和惩罚性措施（如一定年限后不能晋升的讲师需要转岗等）并行的情况下，只有内部科研动机与国际学术期刊论文发表显著相关(见5.2.4小节)。可见,在应对繁忙的教学任务和家庭责任的同时,只有对科研产生真正兴趣,从科研中获得自我实现和满足,将科研纳入自我身份认同的外语教师,才可能克服国际学术发表的各种挑战和困难,获得成功。因此,培养内部科研动机、构建对自己学者的身份认同是促进高校外语教师国际学术发表的重要渠道。值得一提的是,纳入微系统的这些因子是本研究所关注的,以及是从质性访谈数据中归纳总结的。不可否认,该系统中有更多的生态因子对外语教师的国际学术发表产生影响。

中间系统指"发展中个体积极参与的两个或多个情景之间的联系和进程"(Bronfenbrenner, 1993: 22),也即包含发展中个体的各个微系统之间的联系。中间系统包含了高校外语教师在各种环境中的行为与进程,本研究数据呈现的具体因素包括:教学任务、学校服务、家庭责任、博士项目、访问学者项目、教师培训项目、同侪交流等。这些因素共同反映了外语教师作为社会结构中的"全人",在工作和生活中承担的不同社会角色之间的博弈。部分因素可能主要起到牵制作用,如,除了完成教学任务,外语教师群体中大多是女性,可能在育儿、照顾家人、承担家务等家庭责任上付出更多时间和精力,因此难有余力投入科研中。如本研究所发现的,女性教师除了要应对家人对女性传统角色的期待,更要面对从事其他行业的配偶的不解和抱怨。可以说,社会上普遍存在的看法是大学教师比较清闲(如,没有学生的升学压力、有寒暑假期等),其他行业的从业者可能对高校教师所面临的科研压力知之甚少。因此来自如教师T7配偶的

## 第 11 章
高校外语教师国际学术论文发表的生态系统

"大学老师不应该很轻松么""为什么这么累"的抱怨应该较为普遍。因此,中间系统中来自家庭的宽容和支持对外语教师的学术发展非常重要。

中间系统的生态因子,如博士阶段的学习、学术会议、同侪交流等对外语教师的科研和国际学术发表则能产生积极推动作用。研究的访谈数据表明,内部科研动机高的教师更倾向于在自己院系以外寻求来自更大的学术共同体的帮助。如,教师T7在访谈中谈到科研带给她的满足感是金钱所不能比拟的,虽然她所在院系的科研气氛不够,但是她通过积极参与一个学术研究群并任班长,并获得了国外一位华人教授的指导。这一发现一方面印证了内部动机的重要作用,也表明不同层级的生态系统(如微系统中的科研动机与中间系统的同侪交流)互为作用。

外系统指"两个或多个情景之间的联系和进程,其中起码有一个情景不包含发展中个体,但是其中的事件对他所居住的当下环境中的进程具有间接影响"(Bronfenbrenner,1993:24)。本研究关注的外系统因子是学术守门人和学校政策。学术守门人主要是国内外权威期刊的主编,期刊主编一般是学术界有名望的知名学者,主编通过综合审稿专家的意见,是最终决定论文稿件发表与否的关键。从对教师和主编的访谈中,可以知道,主编一般从期刊的范畴、论文质量、论文对读者的合适性等方面予以评审。本研究的一个重要发现是,国内学者投稿国际期刊时必须考虑并阐述其研究对其他国家和地区的读者的重要性,也即将本土化研究从国际化意义上阐述。此外,论文写作质量要高,这是国内外期刊主编一致强调的,特别随着期刊来稿量的激增,作者需要将论文修改到读起来"令人愉悦"才投出去（主编 E1，见 9.1 小节）。此外，学校的职称评审政策和教师绩效考核政策等也同样影响着外语教师的科研和国际学术发表。可见，虽然外语教师并没有处在外系统，外系统生态因子的活动与事件对其国际学术发表同样产生影响作用。

大系统是生态系统的最高层级，指广阔的意识形态，隐含却无处不在地影响特定文化所有成员的社会蓝图。由于该系统宏大广博，包含无数生态因子，因此对大系统的探讨主要结合文献以及本研究数据总结得出，并集中在国家宏观政策、学术文化话语导向、国际学术发表态势等方面，这些宏观因素跨越一定时空，对发展中个体（即高校外语教师）的科研观念、职业规划、学术成长等都有着潜在的"润物细无声"的影响。比如，国际高等教育界日益盛行的新管理主义范式契合了高等教育大众化、国际学生流动性增加等时代特征，使得大学为了在全球排名中争得前列席位、提高学校声誉、赢得生源和政府支持等，将科研产出尤其是在国际三大检索期刊发表论文纳入对大学学者绩效评价的指标。这种新管理主义范式对西方学术职业群体带来很大影响（Lynch，2015；张银霞，2012）。在这种国际态势下，我国近些年来出台的一系列政策不啻于对这种新管理主义范式的批判性反思，一方面致力于建设世界一流大学和一流学科，鼓励中国优秀文化"走出去"，建设文化大国，另一方面也强调建立科学的教师评价机制，避免过度依赖和不合理使用论文、项目等量化指标，体现了有利于教师发展的人性化政策精神。尽管具体高校根据自身的发展目标会制定不同政策，从近些年学界关于语言政策的研究、高等教育研究以及教师评价等

第 11 章 高校外语教师国际学术论文发表的生态系统

的话语讨论,可以看到,国内对"唯 CI 化"现象进行了深入反思。这些政策精神和话语导向也对高校外语教师的职业发展规划和自身的学术定位起到了影响作用:将学术发展内化到自我身份认同的教师,可能倾向于积极开展科研并投稿到国际期刊,在学术发展中获得职业和自我满足感;同时,很多高校设有"教学型"岗位,对科研缺乏认同的教师可以选择这类岗位,将重心放于教学。

最后,值得一提的是,生态学理论既强调环境对个体影响,也揭示个体对环境的反作用。本研究中,高校外语教师作为发展中的个体,是其个人学术发展生态系统的一个因子,也与其他生态因子相互影响,共同改变着生态系统。研究也发现,生态系统的各层系统的关系是双向互为作用,大系统固然对其内部各个系统产生影响,而内部各个系统也会逐层对大系统起到影响作用。比如,假设某位高校教师在科研产出方面有迫切需求,可能会加大对科研的时间和精力投入,参加教师培训或者其他学术发展活动,会因此影响其对家庭的付出(微系统对中间系统产生作用)。教师的科研行为或业绩也会进一步为学校制定政策提供参考,如随着教师发文量的激增或骤减,学校会采取相应政策以保证学校整体的科研产出(微系统和中间系统对外系统产生作用)。来自教师群体的声音和高校政策的实施与效果等也会通过各种渠道为国家政策的制定提供反馈(微系统、中间系统对大系统产生作用)。同理,如前所述,高校外语教师的科研和学术发表活动并不仅仅受到各层生态系统因子的影响,作为生态系统中的发展中个体,他们也会对周围环境产生反作用,通过自身的行为去影响和改变周围环境。比如,如果一位女性外语教师对科研和国际学术发表具有内部动机，她可能会通过与家人沟通、通过各种渠道如寻求家政服务等将自己从繁重的家务劳动中解放出来，把握机会邀请同行专家到校开设培训或讲座（微系统对中间系统产生作用），积极撰写论文并投稿，在与期刊主编往来邮件中将自己研究的亮点、对审稿人意见的反馈等呈现给主编，积极为学校的教师评价、职称评审等政策献言（微系统对外系统产生作用），个体教师对环境所实施的这些施事性行为，终将促进外系统对大系统的反作用。因此，本研究揭示了高校外语教师国际学术发表生态系统的复杂性、互联性和整体性，高校外语教师国际学术发表生态系统的各种因子是相互作用，总体作用大于部分之和。

本课题以 Bronfenbrenner（1979，1993）的人类发展生态系统作为高屋建瓴的理论模型，以生态系统观来剖析影响高校外语教师的科研和国际论文发表的各层生态系统以及系统之间错综复杂的影响关系，其意义在于摒弃过往研究中将个体因素或环境因素独立开来，以分离的视角去看待外语教师的学术发展。这一生态模型能够将外语教师作为"全人"置于学校、家庭、社会、国家和国际的嵌套环境中，将影响教师国际学术论文发表的个体与环境因素视作一个有机整体，考察因素之间的协同效应，考察并描绘外语教师在各种社会角色之间的博弈，教师在应对国际化和本土化之间的张力中经历的挑战、成功经验、失败教训等，为高校外语教师探索在国际学术领域的发展以及对自身发展的定位和职业蓝图的规划，为高校层面和国家层面的政策制定提供实证研究证据和参考。

## 11.2 高校外语教师国际学术论文发表的环境影响因素及期望

基于以上高校外语教师国际学术论文的生态模型，结合本研究收集的定量和质性数据以及相关文献的综合分析，参考顾佩娅等（2017：67）的研究，进一步构建以下矩阵（matrix），将研究所发现的对高校外语教师国际学术论文发表具有重要影响的生态系统因子以及教师的期望总结在表11.1。

总而言之，高校外语教师是整个高校教师队伍中平凡的组成部分，他们依据教学大纲，教书育人，完成学校院系分配的教学、科研、服务等工作。但是，高校外语教师也是高校教师队伍中特殊的组成部分，其特殊性在于他们队伍异常庞大，教学工作量特别繁重，相当一部分人没有博士学历，大多数教师是女性教师，总体上可能承担了比男性教师更多的家庭责任。这支教师队伍的特殊之处还在于大部分人的专业领域和特长是英语语言文学，在英语语言、英语文学和文化等方面更具备与国际学术界交流对话的能力，也更具备将中华优秀文化翻译、传播到国际的能力。因此，虽然普遍发现高校外语教师的科研较弱，但剖析高校外语教师国际学术发表和科研成长的生态系统，有助于找到问题症结，对症下药，促进高校外语教师发挥其语言文化优势，参与国际学术对话，增强我国学者的话语权，为我国大学的"双一流"建设贡献其力量。

表 11.1　高校外语教师国际学术论文发表的生态系统因子及教师期望

| 教师国际学术论文发表的生态系统 | 重要因子 | 期望 |
| --- | --- | --- |
| 微系统 | 喜欢做科研，能在科研中获得满足感<br>具备一定的英文学术写作水平<br>具备论文研究和撰写的国际化和本土化意识<br>勇于向国际期刊投稿并从中积累经验 | 了解英文学术写作规范<br>提高科研能力 |
| 中间系统 | 有专注于科研的时间<br>攻读博士<br>参加国际学术会议，加强与学术共同体成员的联系<br>参加访问学者项目或教师培训项目 | 学校减少外语教师的教学工作量和繁杂活动<br>获得科研经费支持<br>获得国际文献资源<br>获得经费支持教师出国进修或参加国际学术会议 |
| 外系统 | 国际期刊的用稿范畴和质量要求<br>学术守门人反馈的审稿意见<br>学校的政策支持 | 区分对待文理科教师的科研考核<br>重奖有科研热情和在国际重要期刊发表论文的教师<br>不要将科研与职称晋升挂钩 |

续表 11.1

| 教师国际学术论文发表的生态系统 | 重要因子 | 期望 |
| --- | --- | --- |
| 大系统 | 本土期刊进入国际学术数据库 | 建立亚洲区域性索引数据库 |

## 11.3 小结

本章汇报了基于本研究所提出的我国高校外语教师国际学术论文发表的生态模型,对模型的各个生态系统及相互关系进行了阐释,并总结了影响外语教师国际学术发表的生态系统因子以及教师的期望。在下一章,将归纳本研究的主要研究结果,提出本研究的不足、相关建议以及对未来研究的展望。

# 第 12 章 研究结果与建议

前面章节以 Bronfenbrenner（1979，1993）的嵌套式生态系统为理论框架，对我国高校外语教师的学术研究和国际发表的生态环境进行了深描。本章将总结本研究的主要结果，并就外语教师个体学术发展、高校科研管理政策、国内核心期刊发展等方面提出具体建议，最后指出本研究的不足和对未来研究的展望。

## 12.1 主要研究结果

本课题通过第一阶段的文献检索与梳理，利用文献计量工具，分析了我国高校外语教师国际学术论文发表的现状。在第二阶段，通过在全国高校外语教师中开展问卷调查，调查内容涵盖了外语教师的教学工作量、科研情况、关于科研之于教学的作用的看法、科研动机及其对论文发表的影响、其他因素对论文发表的影响，以及学校科研奖励政策和教师的意见和建议等。在第三阶段则对参与问卷调查的其中 10 位教师进行深度访谈，了解他们在科研、论文写作、国际学术论文发表等方面的个人经历和看法；对 3 位国际核心期刊的主编进行访谈，了解他们期刊的论文评审标准、对来自中

# 第 12 章
## 研究结果与建议

国作者的论文的总体看法以及对作者的建议；对两位国内核心期刊主编进行访谈，了解他们期刊的论文评审标准、对外语教师论文稿件的看法以及对作者的建议；对来自两所高校的科研管理部门负责人进行访谈，了解其学校的科研奖励措施以及他们对外语教师科研情况的总体评价等。最后，基于 Bronfenbrenner（1979，1993）的生态系统的理论框架，综合定量和质性结果，对影响高校外语教师国际学术论文发表的各层生态系统进行细致的汇报，最后归纳出高校外语教师国际学术论文发表的生态模型。

首先，文献分析发现，在 2000—2014 的 15 年间，高校外语教师在 SSCI 和 A&HCI 数据库收录的论文总量偏低，但是呈逐年上升之势，其中，由于 2005 年我国的本土期刊《外国文学研究》收录进 A&HCI，这一年以后的 A&HCI 论数量上升很大。如果剔除 A&HCI 收录的本土出版的期刊论文，外语教师的 SSCI 论文远多于 A&HCI 论文，SSCI 的境外合作论文远多于 A&HCI 的境外合作论文。此外，两大数据库收录的期刊论文的语种绝大部分是英语。

其次，大型问卷调查结果表明，参加调查的外语教师教学工作量较重，超过半数调查对象每周的授课时数在 8～12 节，而约 29.4% 的调查对象每周授课 13 节以上。在科研活动方面，59.6% 的调查对象每周用于科研研读、著述的时间为 3 小时以下，26.3% 的人每周科研阅读和写作时间为 7 小时以上，也即平均每天 1 小时以上。

科研产出方面，总体上数量偏少，调查对象以第一作者身份在 SSCI 和 A&HCI 收录的期刊上发表的论文共 73 篇，在其他经同行评议的国际期刊发表论文 99 篇，平均为每人

0.56篇。在国内CSSCI期刊上发表的论文较多，有497篇，平均每人1.61篇。数据显示，调查对象在教学领域的著作成果超过其科研成果，出版的教材数量远远超过学术专著，以教材为成果产出远远大于其科研产出。

在科研态度和动机方面，大多数受访人认为科研对教学能起积极作用，超过七成的人认为从事科研能够丰富和深化教育教学理念，只有近1/4的人认为科研对教学没多大作用。通过对动机测量量表进行探索性因子分析，确立量表测量了4种动机：内部动机——内在兴趣与追求、认同调节——自我实现与社会责任、摄入调节——社会声望与认可、外在调节——职称晋升与绩效，根据自我决定理论（Deci & Ryan，1985），后面3种调节类型属于从较高自我调节到最低自我调节的外部动机。这4种动机中，调查对象的外在调节——职称晋升与绩效动机水平最高，其次为认同调节——自我实现与社会责任、内部动机——内在兴趣与追求，而摄入调节——社会声望与认可的水平最低。总体上，女性教师的外部动机比男性教师强，而男性教师在其他3种动机水平上均比女性教师强。"211/985"高校的外语教师和其他类型高校的外语教师的科研动机没有显著差异。处于事业上升期（30～39岁）和事业成熟期（50岁及以上）的外语教师比其他年龄段的教师在实现自我和履行责任方面的科研动机更为强烈，而年轻的教师（20～29岁、30～39岁）比年长的教师在获得社会声望和同行认同方面的动机要强烈，而40～49岁年龄段的外语教师在所有年龄段教师中出于晋升和绩效方面的科研动机最为强烈。在学历方面，博士研究生在内部动机——兴趣和追求方面最强，而在外部动

# 第 12 章
研究结果与建议

机——职称晋升和绩效方面水平最低；相对来说，硕士研究生的认同调节和摄入调节水平最低，而本科生表现在晋升和绩效方面的动机水平最高。在职称方面，讲师在内部动机和认同调节动机方面水平较低，而在外在调节动机的晋升和绩效方面动机水平最高。相对来讲，助教在内部动机和认同调节动机的水平均排第二，而其摄入调节——社会声望与认同方面最高。通过零膨胀负二项回归分析，发现内部动机——兴趣与追求同国际学术论文发表篇数显著正相关，外部动机的认同调节——自我实现与社会责任同国际学术论文发表篇数显著负相关。在国内 CSSCI 论文发表方面，则只有外在调节——职称晋升同绩效同其显著负相关，其他 3 个动机维度与其无显著关系。

根据对国际学术论文发表影响因素量表的探索性因子分析，发现四大主要影响因素为：国际期刊与研究了解度、院系科研气氛、社会资源与时间、英文写作水平与经验。零膨胀负二项回归分析结果表明，国际期刊与研究了解度以及院系科研气氛与国际期刊论文零事件显著负相关。在国际期刊已发表过论文的教师中，英文写作水平与经验、社会资源与时间则同国际期刊论文发表篇数显著正相关。而国内 CSSCI 论文数量与上述 4 种因素均无显著关系。

第三阶段主要进行质性访谈和文献分析，在获得质性数据的同时，结合第二阶段的问卷调查数据，归纳得出影响高校外语教师国际学术发表的各层生态系统中的主要生态因子，具体包括：微系统中的科研观念与态度、科研动机、科研能力、学术写作能力与经验等；中间系统的教学任务与学校任务、家庭责任、博士项目、教师培训与访问学者项目、学术会议、同侪交流等；外系统的学术守门人、学校政策；大系统的国家宏观政策与学术文化话语导向、国际学术发表态势等。各层系统以及系统内部的生态因子相互影响，共同作用于高校外语教师的科研与学术发表。

以上仅为本研究提纲挈领的结果总结，具体的研究结果在前面章节进行了详细的汇报与讨论。

## 12.2 建议

根据本课题的研究结果，期望为高校外语教师、学校管理部门、国内期刊办刊机构带来一定的启发和建议。为了在科研道路上获得长足发展，面向高校外语教师建议如下：

（1）以参与实践共同体的方式，提升科研能力，积累论文写作经验，激发自身对科研的内部动机。

不言而喻，科研需要时间的投入和经验积累，而很多外语教师要兼顾繁重的教学工作以及履行社会和家庭的其他角色任务，如果缺乏对科研本身的热爱，没有对科研所能带来的成功喜悦和自我实现的满足感的眷念，是难以坚持在科研的道路上走下去的。因此，起步阶段的教师可以通过参加学术会议、参加短期的科研面授培训或者网络培训、加入科研和学术写作交流群等方式，扩大自己所能参与的实践共同体和学术圈子，接触前沿研究，以期为自己研究的选题、科研方法等带来启发和帮助。

与此同时，制定切实的科研和论文写作日程表，灵活利用碎片时间，哪怕只有半个小时的空余时间，也要最大限度利用这半个小时进行写作，养成每天写作的习惯。一开始尤

# 第 12 章
研究结果与建议

其需要克服作者心理阻滞（writer's block）现象，不要将写作当成完成了研究结束后产出成品的过程，而要将写作视为"思考的过程"（Creswell，2009：79），尽早、随时将脑海的想法写在纸上，在撰写初稿阶段不追求语言、结构等的完美。更重要的是做到勇于投稿。本研究中教师 T7 就是一个很典型的成功例子，这位教师通过参加国际学术会议，有机会参加了某国际 SSCI 期刊主编的工作坊，从而激发起其投稿的欲望。当完成论文而一直迟疑不决时，她所在的学术群的老师以严厉的言辞迫使她投出稿件，在本研究访谈时，她的稿件得到了返修的机会。可见，勇于克服写作的惰性和作者心理阻滞现象，勇于投稿，是在国际学术期刊成功发表论文的重要几步。

（2）定位目标期刊，在选题、理论框架的界定以及论述中，考虑本研究对国际学术界或国际读者的相关性，具备科研国际化和本土化意识。

本研究所访谈的 3 位国际期刊主编均提出，论文一定要放眼国际读者，研究和讨论中国以外更大读者群都关注的话题。同时，国内主编也提到，中国作者既要走出去，研究也要本土化，关注本土的热点问题，将国际研究的理论或实践等结合中国实际进行讨论。这恰好说明，外语教师在研究设计和论文撰写方面，要调整好文章的视角，提前规划将来的研究成果适合在什么样的学术平台上传播，提前确定稿件的目标期刊，根据期刊特征，如是国际期刊还是国内期刊，相应地在论述过程中调适视角。这种读者意识是论文成功发表的关键之一，作者需要根据期刊的稿件要求，预测读者群所关注的问题，采用恰当的理论视角，在不断尝试和摸索中，逐渐成长为在国际学界和国内学界舞台自主切换的研究者。

（3）恪守学术研究道德，不急不躁，遵守学术共同体的行为规范。

高校外语教师理应端正自己的科研态度，恪守学术研究道德，不急不躁，以虔诚的心态对待科研、论文撰写和发表。教师宜脚踏实地，不断学习和提高自己的科研能力，论文撰写过程中严格遵守学术行为规范，合理引用，不抄袭。更为重要的是，客观对待审稿人的论文评审意见，切忌在与审稿意见相左的情况下，将审稿人的意见和期刊名字发布在网络上。正如本研究访谈中主编所提到的，期刊审稿人绝大多数是利用个人时间无偿为期刊提供审稿服务，由于学科的不断细分，审稿人也不一定完全来自作者专攻的某个领域，审稿意见有所偏失在国际学术界是常见的事情。研究者可以通过对审稿意见的回复、给主编写邮件说明等方式进行正常的学术对话。在当今信息网络发达的情况下，将本应是学术交流的问题放大到公共网络，不但于事无补，也会对期刊和审稿人造成伤害，更加不利于构建良好的国内学术交流环境。

虽然本研究的重点是国际学术论文发表，但是如果高校外语教师在国内核心期刊能有成功的投稿或发表经验，对提高其科研和论文撰写信心会有促进作用。因而本研究对国内核心期刊办刊机构提出以下建议：

（1）进一步建立透明、高效的审稿制度，以保护和激发外语教师的科研和论文撰写热情。

高校外语教师队伍庞大，他们可能首先考虑的是向国内

## 第 12 章 研究结果与建议

期刊投稿，因此，在国内核心期刊如 CSSCI 成功发表论文对激发教师的科研热情、激励其坚持进行科研等起到非常重要的作用。很多教师在访谈中提到投稿国内期刊往往如"石沉大海"，杳无音信，也未能得到充分的审稿意见的反馈。关于这方面的原因，在9.1 小节对国内期刊主编的访谈中也得到解答。其中，主编提到的主要原因是投稿量太大，很多稿件质量很差，完全没有达到研究论文的一般水平。鉴于此，国内期刊办刊机构或许可以采取一定措施，提高审稿的效率和透明度。

比如，采用网上稿件采编系统（目前国内很多核心期刊都采用了网上系统），方便作者投稿和查询稿件审稿进度。当编辑部完成对稿件初审后，对于质量不过关，不予以送外审的稿件，尽管不反馈审稿意见，宜尽快在系统中予以拒稿反馈，使得作者能够尽快得到退稿信息，方便作者修改或另投其他期刊。当前很多期刊采取的做法是过了 3 个月后如果作者没有收到编辑部回复，可视作稿件被拒。然而，由于投稿量大、外语类核心期刊数量少，对于急需发表论文晋升职称的教师，可能 3 个月的等待时间会偏长，在编辑部人力允许的情况下，如果能够对质量不过关的稿件尽快予以台拒绝（desk reject），或许能够减少常见的一稿多投现象，也为作者高效处理自己的稿件提供方便。

（2）邀请国外或境外留学的博士生担任审稿人，使得国内研究与国际前沿研究对接，推动国内外语学科研究的发展。

在本研究的访谈中，国内期刊主编提到，国内学者不能自说自话，应该加强与国际学术界的沟通；而国内期刊审稿过程中遇到的困难是，有时候作者研究的是国际前沿热点（比如作者是从海外回国的研究人员），而国内审稿人可能没有跟上这一国际研究热点，会造成审稿意见不到位等现象。针对这一情况，国内期刊主编或者负责人可以通过查阅较新的国际学术会议的发言手册等资料，联系在国外或境外攻读博士学位的中国留学生，邀请他们担任国内期刊的审稿人。这些海外留学生会接触更多的国际研究热点，能够胜任审阅国内期刊的稿件，这也使得他们的国际视野和积累能够返流回国内学界，提高国内外语教师的学术研究和论文质量。

本课题的研究结果也为高校在新管理主义宏大的话语之下，在制定教师评价体制方面带来一定的建议：

（1）在教育部《教育部关于深化高校教师考核评价制度改革的指导意见》（2016）的指导下，根据学校师资结构和资源配置情况，制定科学的、人性化的教师科研评价政策。

根据文理科的学科差异，以及文科中不同学科的特征，考虑对外语教师群体予以政策上的扶助和激励。本研究显示，很多参与调查和访谈的教师都提到自己所在的省或者高校对文理科专业的教师在职称晋升条件、科研奖励政策上一刀切，而事实上文科由于其学科特征，并不能像自然学科那样快速产出成果。文科中外语学科在历史上就是科研产出相对较弱的学科，在国际学术平台，中国学者在经济学、管理学和教育学发表的论文数量最大（邓惟佳，2015）。可见，如果高校能够考虑高校外语教师在科研和论文发表方面所面临的比其他学科教师更大的困难，在激励政策、评价政策上

# 第 12 章 研究结果与建议

适当予以扶持,能够更好发挥外语教师本身的外语优势,推动其在国际学术期刊发表论文。

其中,高校需要考虑的是将教学与科研适当分别对待,比如设置不同的教师岗位,如科研岗、教学科研岗、教学岗等,允许教师选择最适合自己的聘任岗位,使得教师在职业生涯规划中发挥自己的才华和长处,使得人尽其才,让外语教师获得职业满足感和成就感,这也是很多参与本研究的高校外语教师的心声。

(2)加大对外语教师科研经费的支持力度,引进国外数据库资源,鼓励建立校内学术共同体,选送优秀中青年教师参加短期培训项目或访问学者项目。

学校在对已经产出的科研成果进行奖励的同时,也应该考虑在教师科研成长中给予应有的经费以及资源的支持,激励未来的产出。比如,本研究表明,很多教师提到自己缺乏国外文献资源。总所周知,获取研究领域中最新权威期刊的全文文献、学术专著等文献资料对科研工作的开展非常重要。因此,高校科研管理部门可以组织本校外语学科的学科带头人、骨干教师一起提供其学科研究所需学术期刊的清单,并向出版社订阅这些期刊的电子版,图书馆等文献资源部门也应根据教师的订购需求,订购国外重要学术专著,为教师提供及时的文献传输服务等。

此外,高校可以发挥学科带头人、资深教授、骨干中青年教师的学术专长、经验和热情,鼓励在外语学院或相关院系建立学术共同体,定期举办学术活动,邀请成功发表过 SSCI 或 A&HCI 的教师分享经验或教训,在院系中建立学术研究和论文写作的传帮带机制,营造活跃的科研气氛,这对年轻教师尤其能起到引导、激励的作用。

（3）充分、合理发挥境外或国外博士留学回国外语教师的作用，帮助其融入国内学术界。

当前很多高校为了争创"双一流"，纷纷出台各种激励政策，吸引国内外高层次专业人才，尤其是在国外或境外获得博士学位或者学术经验丰富的学者。本研究结果表明，引进人才后，高校需要关注海归人才到岗后对国内学术文化环境的适应。如，本研究中教师 T4 是典型的具有学术理想的从境外归来的博士，然而在申报国家社科课题时就面临选题的挑战，她在博士阶段的研究是国际学术界的研究热点，也取得了较丰富的前期研究成果，而在申报课题时却发现自己的研究话题可能是评审专家忽略或跟国家本土的热点问题相关性不大。因此，高校应关注这一类高层次人才回国后科研发展本土化的问题，以更好发挥其专业技术优势，帮助其在科研学术方面尽早取得成功（如成功获得国家课题立项等），以留住人才，使得引进的高层次人才在本土"生根发芽"，带动和发展本土的科研创新。

## 12.3 研究的不足与展望

本研究历时三年半，收集了大量数据并进行了深入分析，得到了一定的成果。不可否认，研究也存在一定的不足。首先，参与问卷调查的高校外语教师的样本量以及参与访谈的期刊主编、高校科研管理部门负责人的数量不足。诚然，这是因为研究的实际困难造成的。在问卷调查阶段，通过各种渠道邀请高校外语教师参与，包括在外语教学与研究

# 第 12 章 研究结果与建议

出版社主办的"外语学术科研网"（http://iresearch.unipus.cn）上发布问卷，在全国性的外语学科专业教师交流平台上发布问卷，在外语学科的学术会议的会场外发放问卷、向认识的同行的高校外语教师发布问卷调查信息，并通过微信朋友圈进行信息传递等，最终得到来自全国 79 座城市 309 份有效问卷。调查数据在地域上覆盖面较广，如果能够得到更多外语教师参与调查则更为理想。然而，在以教师作为对象的研究难以获得足够样本这一现象是较为普遍的，Hobbs 和 Kubanyiova（2008）就提到，如果研究者不是来自教师教育行业，要以教师为研究对象，必然在获得教师支持和愿意配合研究等方面遇到困难，因为语言教师本身就非常忙碌、工作压力很大。在寻找期刊主编和高校科研管理部门负责人参与访谈方面，也遇到同样的困难，在发出的很多邮件中，有些主编在邮件中予以回绝，而更多的是没有回复邮件。然而，本问卷调查反映了丰富而有意义的研究结果，受访教师、主编、高校科研管理部门负责人的反馈也反映了很多相近的看法，可以认为，本研究的样本能够满足本研究的目的。

在当前高校教师面临巨大科研压力的大背景下，本研究旨在探索影响高校外语教师的科研与国际学术发表的各层生态系统，并没有对外语教师的论文文本进行诸如学术语篇方面的分析。显然，学术论文写作的各种因素，如逻辑论证、语步推进、引用、文章各个部分如引言、文献回顾与讨论章节等在英语作为学术语或二语写作领域中非常重要。将来研究可以以若干外语教师作为研究个案，采集其在国际期刊发表的论文以及对应的修改稿，进行详细的学术英语语篇分析，并且访谈这些外语教师在进行论文撰写和投稿过程遇到的挑战和解决的策略，从而更加立体地描述达到发表水平的论文的语篇特色，以及外语教师在论文撰写和发表过程中采取的具体的措施和策略。

此外，本研究为横截面设计，采用的问卷调查属于追溯性研究（*ex post facto* research）（刘润清，2015），未来研究可以依托外语教师教育或培训机构，以扩大研究样本量，通过大样本数据，采用纵向设计（longitudinal design），探讨诸如科研动机、科研信念、科研自我效能感等变量之间的关系以及与科研成果的关系。也可以通过诸如叙事研究、科研日志等方法深入跟踪教师个案，尤其是青年外语教师初入职场，在教学、科研、生活等一系列环境中自我实现、获得学术成长、对作为"教师"和"研究者"的身份认同等的心路历程，以深描的笔触展现教师的成长轨迹，对外语教师职业发展以及为学校、院系在政策制定等方面都会带来更丰富的启示。

# 参考文献

Amabile, T. M., Hill, C. G., Hennessey, B. A., & Tighe, E. M. (1994). The Work Preference Inventory: Assessing intrinsic and extrinsic motivational orientations. *Journal of Personality and Social Psychology*, 66 (5), 950 – 967.

Anderson, J. D., & Wagovich, S. A. (2010). Relationships among linguistic processing speed, phonological working memory, and attention in children who stutter. *Journal of Fluency Disorders*, 35 (3), 216 – 234.

Bai, L., & Hudson, P. (2011). Understanding Chinese TEFL academics' capacity for research. *Journal of Further and Higher Education*, 35 (3), 391 – 407.

Barkhuizen, G. (2008). A narrative approach to exploring context in language teaching. *ELT Journal*, 62 (3), 231 – 239.

Bazeley, P., & Jackson, K. (2013). *Qualitative data analysis with NVivo* (2nd ed.). Los Angeles: Sage.

Belcher, D. (2007). Seeking acceptance in an English-only research world. *Journal of Second Language Writing*, 16, 1 – 22.

Benor, S. B. (2010). Ethnolinguistic repertoire: Shifting the analytic focus in language and ethnicity. *Journal of Sociolinguistics*, 14 (2), 159–183.

Bicknell, K., Elman, J. L., Hare, M., McRae, K., & Kutas, M. (2010). Effects of event knowledge in processing verbal arguments. *Journal of Memory and Language*, 63 (4), 489–505.

Borg, S. (2009). English language teachers' conceptions of research. *Applied Linguistics*, 30 (3), 358–388.

Borg, S. (2010). Language teacher research engagement. *Language Teaching*, 43 (4), 391–429.

Borg, S., & Liu, Y. (2013). Chinese College English teachers' research engagement. *TESOL Quarterly*, 47 (2), 270–299.

Bowden, H. W., Gelfand, M. P., Sanz, C., & Ullman, M. T. (2010). Verbal inflectional morphology in L1 and L2 Spanish: A frequency effects study examining storage versus compositio. *Language Learning*, 60 (1), 44–87.

Brannan, D., & Bleistein, T. (2012). Novice ESOL teachers' perceptions of social support networks. *TESOL Quarterly*, 46 (3), 519–541.

Bresnan, J., & Ford, M. (2010). Predicting syntax: processing dative constructions in American and Australian varieties of English. *Language*, 86, 168–213.

Bronfenbrenner, U. (1979). *The ecology of human development*. Cambridge, MA: Harvard University Press.

Bronfenbrenner, U. (1993). The ecology of cognitive development: Research models and fugitive findings. In R. H. Wozniak & K. W. Fischer (Eds.), *Development in context: Acting and thinking in specific environments* (pp. 3 – 44). Hillsdale, NJ: Lawrence Erlbaum Associates.

Bronfenbrenner, U. (1995). The bioecological model from a life course perspective: Reflections of a participant observer. In P. Moen, G. H. J. Elder & K. Lüscher (Eds.), *Examining lives in context: Perspectives on the ecology of human development* (pp. 599 – 618). Washington, D. C.: American Psychological Association.

Bronfenbrenner, U. (2005). *Making human beings human: Bioecological perspectives on human development*. Thousand Oaks: Sage.

Bronfenbrenner, U., & Morris, P. A. (2006). The bioecological model of human development. In W. Damon & R. M. Lerner (Eds.), *Handbook of child psychology, Vol. 1: Theoretical models of human development* (6th ed., pp. 793 – 828). New York: Wiley.

Brown, J. S., Collins, A., & Duguid, P. (1989). Situated cognition and the culture of learning. *Educational Researcher*, 18, 32 – 42.

Burns, A. (2010). *Doing action research in English language teaching: A guide for practitioners*. New York: Routledge.

Canagarajah, A. S. (2003). A somewhat legitimate and very peripheral participation. In C. P. Casanave & S. Vandrick

(Eds.), *Writing for scholarly publication: Behind the scenes in language education* (pp. 197 – 210). Mahwah, NJ: Lawrence Erlbaum.

Casanave, C. P., & Vandrick, S. (Eds.). (2003). *Writing for scholarly publication: Behind the scenes in language education*. Mahwah, NJ: Lawrence Erlbaum.

Chen, C., Ibekwe-SanJuan, F., & Hou, J. (2010). The structure and dynamics of cocitation clusters: A multiple-perspective cocitation analysis. *Journal of the American Society for Information Science and Technology*, 61 (7), 1386 – 1409.

Chou, C. P. (2014). Why the SSCI syndrome is a global phenomenon? In C. P. Chou (Ed.), *The SSCI syndrome in higher education: A local or global phenomenon* (pp. vii-xv). Rotterdam, The Netherlands: Sense Publishers.

Costa, A., Santesteban, M., & Caño, A. (2005). On the facilitatory effects of cognate words in bilingual speech production. *Brain and Language*, 94 (1), 94 – 103.

Crepaldi, D., Rastle, K., Coltheart, M., & Nickels, L. (2010). "Fell" primes "fall", but does "bell" prime "ball"? Masked priming with irregularly-inflected primes. *Journal of Memory and Language*, 63 (1), 83 – 99.

Creswell, J. W. (1998). *Qualitative inquiry and research design: Choosing among five traditions*. Thousand Oaks, CA: Sage.

Creswell, J. W. (2009). *Research design: Qualitative, quantitative, and mixed methods approaches* (3rd ed.). Thousand

Oaks, CA: Sage.

Cross, D. I., & Hong, J. Y. (2012). An ecological examination of teachers' emotions in the school context. *Teaching and Teacher Education*, 28, 957-967.

Curry, M. J., & Lillis, T. (2004). Multilingual scholars and the imperative to publish in English: Negotiating interests, demands, and rewards. *TESOL Quarterly*, 38 (4), 663-688.

Deci, E. L., & Ryan, R. M. (1985). *Intrinsic motivation and self-determination in human behavior*. New York: Plenum.

Deci, E. L., & Ryan, R. M. (2000). The "what" and "why" of goal pursuits: Human needs and the self-determination of behavior. *Psychological Inquiry*, 11 (4), 227-268.

Dick, A. S., Solodkin, A., & Small, S. L. (2010). Neural development of networks for audiovisual speech comprehension. *Brain and Language*, 114 (2), 101-114.

Dörnyei, Z. (2005). *The psychology of the language learner: Individual differences in second language acquisition*. Mahwah, NJ: Lawrence Erlbaum Associates.

Dörnyei, Z. (2007). *Research methods in applied linguistics: Quantitative, qualitative, and mixed methodologies*. Oxford: Oxford University Press.

Dörnyei, Z., & Ushioda, E. (2011). *Teaching and researching motivation*. Harlow, English: Pearson.

Egi, T. (2010). Uptake, modified output, and learner perceptions of recasts: Learner responses as language awareness.

*The Modern Language Journal*, 94 (1), 1 –21.

Faraway, J. J. (2016). *Extending the linear model with R: Generalized linear, mixed effects and nonparametric regression models* (2nd ed.). Boca Raton, FL: CRC Press.

Feng, H., Beckett, G. H., & Huang, D. (2013). From "import" to "import—export" oriented internationalization: The impact of national policy on scholarly publication in China. *Language Policy*, 12, 251 –272.

Field, A. (2009). *Discovering statistics using SPSS* (3rd ed.). London: Sage.

Flowerdew, J. (1999). Problems in writing for scholarly publication in English: The case of Hong Kong. *Journal of Second Language Writing*, 8 (3), 243 –264.

Flowerdew, J. (2000). Discourse community, legitimate peripheral participation, and the nonnative-English-speaking scholar. *TESOL Quarterly*, 34 (1), 127 –150.

Flowerdew, J. (2008). Scholarly writers who use English as an Additional Language: What can Goffman's "stigma" tell us? *Journal of English for Academic Purposes*, 7 (2), 77 –86.

Gu, Y., & Wu, Y. A. (2014). Voices from Chinese teacher-educators. *Language Teaching Research*, 18 (2), 146 –151.

Haeckel, E. *Generelle morphologie der organismen* [*General Morphology of the Organisms*]. Berlin: G. Reimer, 1866.

Halliday, M. A. K. New ways of meaning: The challenge to applied linguistics. *Journal of Applied Linguistics*, 1990 (6):

7 – 16.

Halliday, M. A. K. Applied linguistics as an evolving theme. In J. Webster (Ed.), *Language and Education: Collected Works of M. A. K. Halliday*. London: Continuum, 2007.

Hattie, J., & Marsh, H. W. (1996). The relationship between research and teaching: A meta-analysis. *Review of Educational Research*, 66 (4), 507 – 542.

Haugen, E. On the ecology of languages. A talk presented at a conference at Burg Wartenstein, Austria, 1970.

Haugen, E. *The Ecology of Language: Essays by Einar Haugen* (selected and introduced by A. S. Dil). California: Stanford University Press, 1972.

Haugen, E. (2001). The ecology of language. In A. Fill & P. Mühlhäusler (Eds.), *The ecolinguistics reader: Language, ecology and environment* (pp. 57 – 66). London: Continuum.

Hobbs, V., & Kubanyiova, M. (2008). The challenges of researching language teachers: What research manuals don't tell us. *Language Teaching Research*, 12 (4), 495 – 513.

Hu, G., & Cao, F. (2011). Hedging and boosting in abstracts of applied linguistics articles: A comparative study of English- and Chinese-medium journals. *Journal of Pragmatics*, 43, 2795 – 2809.

Hu, G., & Wang, G. (2014). Disciplinary and ethnolinguistic influences on citation in research articles. *Journal of English for Academic Purposes*, 14, 14 – 28.

Hwang, H. (2014). The influence of the ecological contexts of teacher education on South Korean teacher educators' professional development. *Teaching and Teacher Education*, 43, 1–14.

Hyland, K. (2005). *Metadiscourse*. London: Continuum.

Hyland, K. (2015). *Academic publishing: Issues and challenges in the construction of knowledge*. Oxford: Oxford University Press.

Hyland, K. (2016a). Academic publishing and the myth of linguistic injustice. *Journal of Second Language Writing*, 31, 58–69.

Hyland, K. (2016b). Language myths and publishing mysteries: A response to Politzer-Ahles et al. *Journal of Second Language Writing*, 34, 9–11.

Jiang, X., Borg, E., & Borg, M. (2017). Challenges and coping strategies for international publication: Perceptions of young scholars in China. *Studies in Higher Education*, 42(3), 428–444.

Johnson, K. E. (2006). The sociocultural turn and its challenges for second language teacher education. *TESOL Quarterly*, 40(1), 235–257.

Kabacoff, R. I. (2015). *R in action: Data analysis and graphics with R* (2nd ed.). New York, NY: Manning Publications.

Kallio, K.-M., & Kallio, T. J. (2014). Management-by-results and performance measurement in universities: Implications for work motivation. *Studies in Higher Education*, 39 (4), 574 – 89.

Kohnert, K. (2010). Bilingual children with primary language impairment: Issues, evidence, and implications for clinical actions. *Journal of Communication Disorders*, 43 (6), 456 – 473.

Kramsch, C. (2002). Introduction: "How can we tell the dancer from the dance?". In C. Kramsch (Ed. ), *Language acquisition and language socialization: Ecological perspectives* (pp. 1 – 30). London: Continuum.

Kramsch, C., & Steffensen, S. V. (2008). Ecological perspectives on second language acquisition and socialization. In P. A. Duff & N. H. Hornberger (Eds. ), *Encyclopedia of language and education* (2nd ed., Vol. 8, pp. 17 – 28). Boston: Springer Science + Business Media.

Lai, M., Du, P., & Li, L. (2014). Struggling to handle teaching and research: A study on academic work at select universities in the Chinese Mainland. *Teaching in Higher Education*, 19 (8), 966 – 979.

Lave, J., & Wenger, E. (1991). *Situated learning: Legitimate peripheral participation*. Cambridge: Cambridge University Press.

Leather, J., & van Dam, J. (2003). Towards an ecology of language acquisition. In J. Leather & J. van Dam (Eds. ), *Ecology of language acquisition* (pp. 1 – 29). Dordrecht: Kluwer Academic.

Lee, H., & Lee, K. (2013). Publish (in international indexed journals) or perish: Neoliberal ideology in a Korean university. *Language Policy*, 12 (3), 215 – 230.

Levinson, S. C., & Evans, N. (2010). Time for a sea-change in linguistics: Response to comments on "The Myth of Language Universals". *Lingua*, 120 (12): 2733 – 2758.

Li, Y. (2007). Apprentice scholarly writing in a community of practice: An intraview of an NNES graduate student writing a research article. *TESOL Quarterly*, 41 (1), 55 – 79.

Li, Y., & Flowerdew, J. (2009). International engagement versus local commitment: Hong Kong academics in the humanities and social sciences writing for publication. *Journal of English for Academic Purposes*, 8 (4), 279 – 293.

Lieven, E. (2010). Input and first language acquisition: Evaluating the role of frequency. *Lingua*, 120 (11), 2546 – 2556.

Luo, N., & Hyland, K. (2016). Chinese academics writing for publication: English teachers as text mediators. *Journal of Second Language Writing*, 33, 43 – 55.

Lynch, K. (2015). Control by numbers: New managerialism and ranking in higher education. *Critical Studies in Education*, 56 (2), 190 – 207.

Mackey, A., Adams, R., Stafford, C., & Winke, P. (2010). Exploring the relationship between modified output and working memory capacity. *Language Learning*, 60 (3), 501 – 533.

McLaughlin, J., Tanner, D., Pitkänen, I., Frenck-Mestre, C., Inoue, K., Valentine, G., & Osterhout, L. (2010). Brain potentials reveal discrete stages of L2 grammatical learning. *Language Learning*, 60 (s2), 123 – 150.

Mitchell, R., Myles, F., & Marsden, E. (2013). *Second language learning theories* (3rd ed). London, UK: Routledge.

Montgomery, J. W., Magimairaj, B. M., & Finney, M. C. (2010). Working memory and specific language impairment: An update on the relation and perspectives on assessment and treatment. *American Journal of Speech-Language Pathology*, 19, 78 – 94.

Morris, F. (2005). Child-to-child interaction and corrective feedback in a computer mediated L2 class. *Language Learning & Technology*, 9 (1), 29 – 45.

Mühlhäusler, P. (2000). Language planning and language ecology. *Current Issues in Language Planning*, 1 (3), 306 – 367.

Navarrete, E., & Costa, A. (2005). Phonological activation of ignored pictures: Further evidence for a cascade model of lexical access. *Journal of Memory and Language*, 53 (3), 359 – 377.

Neuman, W. L. (2014). *Social research methods: Qualitative and quantitative approaches* (7th ed. ). Boston: Pearson.

Neumann, R. (1992). Perception of the teaching-research nexus: A framework for analysis. *Higher Education*, 23 (2), 159 – 171.

Noels, K. A. (2001). New orientations in language learning motivation: Toward a contextual model of intrinsic, extrinsic, and integrative orientations and motivation. In Z. Dörnyei & R. Schmidt (Eds.), *Motivation and second language acquisition* (pp. 43 – 68). Honolulu, HI: Second Language Teaching & Curriculum Center, University of Hawaii at Manoa.

Norris, D., Kinoshita, S., & van Casteren, M. (2010). A stimulus sampling theory of letter identity and order. *Journal of Memory and Language*, 62 (3), 254 – 271.

Otsuji, E., & Pennycook, A. (2011). Social inclusion and metrolingual practices. *International Journal of Bilingual Education and Bilingualism*, 14 (4), 413 – 426.

Peng, J. (2014). *Willingness to communicate in the Chinese EFL university classroom: An ecological perspective*. Bristol: Multilingual Matters.

Politzer-Ahles, S., Holliday, J. J., Girolamo, T., Spychalska, M., & Berkson, K. H. (2016). Is linguistic injustice a myth? A response to Hyland (2016). *Journal of Second Language Writing*, 34, 3 – 8.

R Core Team. (2018). R: A language and environment for statistical computing. Vienna, Austria: R Foundation for Statistical Computing. https://www.R-project.org, accessed 08/20/2017.

Ryan, R. M., & Deci, E. L. (2017). *Self-determination theory: Basic psychological needs in motivation, development, and wellness*. New York: Guilford.

Salager-Meyer, F. (2008). Scientific publishing in developing countries: Challenges for the future. *Journal of English for Academic Purposes*, 7, 121 – 132.

Salager-Meyer, F. (2014). Writing and publishing in peripheral scholarly journals: How to enhance the global influence of multilingual scholars? *Journal of English for Academic Purposes*, 13, 78 – 82.

Seidman, I. (2013). *Interviewing as qualitative research: A guide for researchers in education and the social sciences* (4th ed.). New York, NY: Teachers College Press.

Shi, L., Wang, W., & Xu, J. (2005). Publication culture of foreign language education journals in China. *TESOL Quarterly*, 39 (4), 765 – 776.

Simpson-Vlach, R., & Ellis, N. C. (2010). An academic formulas list: New methods in phraseology research. *Applied Linguistics*, 31 (4), 487 – 512.

Stibbe, A. *Ecolinguistics: Language, Ecology and the Stories We Live By*. London: Routledge, 2015.

Swales, J. M. (1987). Utilizing the literatures in teaching the research paper. *TESOL Quarterly*, 21 (1), 41 – 68.

Swales, J., & Feak, C. (2011). *Navigating academia: Writing supporting genres*. Ann Arbor, MI: University of Michigan Press.

Tight, M. (2014). Collegiality and managerialism: A false dichotomy? Evidence from the higher education literature. *Ter-*

*tiary Education and Management*, 20 (4), 294-306.

Tudor, I. (2001). *The dynamics of the language classroom*. Cambridge: Cambridge University Press.

Tudor, I. (2003). Learning to live with complexity: Towards an ecological perspective on language teaching. *System*, 31 (1), 1-12.

Turkeltaub, P. E., & Coslett, H. B. (2010). Localization of sublexical speech perception components. *Brain and Language*, 114 (1), 1-15.

van Lier, L. (2002). An ecological-semiotic perspective on language and linguistics. In C. Kramsch (Ed.), *Language acquisition and language socialization: Ecological perspectives* (pp. 140-164). London: Continuum.

van Lier, L. (2004). *The ecology and semiotics of language learning: A sociocultural perspective*. Boston: Kluwer Academic.

Wei, H., Cheng, X., & Zhao, K. (2007). On the relationship between research productivity and teaching effectiveness at research universities. *Frontiers of Education in China*, 2 (2), 298-306.

Wenger, E. (1998). *Communities of practice: Learning, meaning, and identity*. Cambridge, UK: Cambridge University Press.

Xu, Y. (2014). Becoming researchers: A narrative study of Chinese university EFL teachers' research practice and their professional identity construction. *Language Teaching Re-*

*search*, 18 (2), 242 – 259.

Yuan, R., Sun, P., & Teng, L. (2016). Understanding language teachers' motivation towards research. *TESOL Quarterly*, 50 (1), 220 – 234.

Zeileis, A., Kleiber, C., & Jackman, S. (2008). Regression models for count data in R. *Journal of Statistical Software*, 27 (8). http://www.jstatsoft.org/v27/i08, accessed 08/20/2017.

陈超美. CiteSpace Ⅱ：科学文献中新趋势与新动态的识别与可视化［J］. 陈悦, 侯剑华, 梁永霞, 译. 情报学报, 2009, 28 (3): 401 – 421.

陈贵梧. 高等教育研究的国际态势及其演变：对2001—2010年SSCI论文的计量分析［J］. 高教探索, 2013 (2): 9 – 15.

陈桦, 王海啸. 大学英语教师科研观的调查与分析［J］. 外语与外语教学, 2013 (3): 25 – 29.

陈悦, 陈超美, 胡志刚, 王贤文. 引文空间分析原理与应用：Citespace实用指南［M］. 北京：科学出版社, 2014.

陈悦, 刘则渊. 悄然兴起的科学知识图谱［J］. 科学学研究, 2005, 23 (2): 149 – 154.

戴曼纯, 张希春. 高校英语教师素质抽样调查［J］. 解放军外国语学院学报, 2004, 27 (2): 42 – 46.

戴炜栋. 我国外语专业教育60年：回顾与展望［J］. 中国外语. 2009 (5): 10 – 15.

戴炜栋, 王雪梅. 信息化环境中外语教师专业发展的内涵与路径研究［J］. 外语电化教学，2011，142：8－13.
邓惟佳. 中国哲学社会科学成果对外传播：现状与发展［M］. 广州：世界图书出版社，2015.
范俊军. 生态语言学研究述评［J］. 外语教学与研究，2005，37（2）：110－115.
冯佳，王克非. 近十年国际语言规划和语言政策研究的CiteSpace分析［J］. 中国外语，2014（1）：69－78，84.
冯佳，王克非，刘霞. 近二十年国际翻译学研究动态的科学知识图谱分析［J］. 外语电化教学，2014，155：11－20.
傅文奇. 基于SSCI的2000—2010年我国大陆信息科学和图书馆学论文的计量分析［J］. 情报科学，2011（7）：1079－1083.
高一虹. "想像共同体"与语言学习［J］. 中国外语，2007，4（5）：47－52.
高一虹，周燕. 二语习得社会心理研究：心理学派与社会文化学派［J］. 外语学刊，2009（1）：123－128.
顾佩娅，古海波，陶伟. 高校英语教师专业发展环境调查［J］. 解放军外国语学院学报，2014，37（4）：51－58，83.
顾佩娅，古海波，陶伟. 高校英语教师专业发展环境调查［A］// 顾佩娅，等. 中国高校英语教师专业发展环境研究. 北京：外语教学与研究出版社，2017.
顾佩娅，等. 中国高校英语教师专业发展环境研究［C］. 北京：外语教学与研究出版社，2017.
顾曰国. 当代语言学的波形发展主题一：语言、符号与社会

[J]. 当代语言学, 2010, 12 (3): 193-219.

国务院. 国务院关于印发统筹推进世界一流大学和一流学科建设总体方案的通知 [N]. 2015. http://www.gov.cn/zhengce/content/2015-11/05/content_10269.htm (2016年4月12日读取).

何伟, 魏榕. 国际生态话语的内涵及研究路向 [J]. 外语研究, 2017 (5): 18-24.

胡庚申. 生态翻译学的"异"和"新"——不同翻译研究途径的比较研究并兼答相关疑问 [J]. 中国翻译, 2014, 11 (5): 104-111.

胡钦太. 中国学术国际话语权的立体化建构 [J]. 学术月刊, 2013, 45 (3): 5-13.

黄萍, 赵冰. 中国大陆及香港地区学者国际期刊英语论文发表之对比研究 [J]. 外语与外语教学, 2010 (5): 44-48.

黄国文. 生态语言学的兴起与发展 [J]. 中国外语, 2016, 13 (1): 1, 9-12.

黄国文. 从系统功能语言学到生态语言学 [J]. 外语教学, 2017a, 38 (5): 1-6.

黄国文. 生态话语分析的缘起、目标、原则与方法 [J]. 现代外语, 2017b, 40 (5): 585-596.

教育部. 高等学校哲学社会科学"走出去"计划 [N]. 2011a, http://www.moe.gov.cn/srcsite/A13/s7061/201111/t20111107_126303.html (2013年8月20日读取).

教育部. 教育部关于进一步改进高等学校哲学社会科学研究评价的意见 [N]. 2011b. http://old.moe.gov.cn//publicfiles/business/htmlfiles/moe/A13_zcwj/201111/126301. html（2013 年 8 月 20 日读取）.

教育部. 教育部关于深化高校教师考核评价制度改革的指导意见［N］. 2016. http://www. moe. edu. cn/srcsite/A10/s7151/201609/t20160920_281586. html（2016 年 12 月 12 日读取）.

教育部，财政部. 高等学校哲学社会科学繁荣计划（2011—2020 年）［N］. 2011. http://old. moe. gov. cn//publicfiles/business/htmlfiles/moe/A13 _ zcwj/201111/126304. html（2013 年 8 月 20 日读取）.

李美霞，沈维. 域内外生态语言学研究流变与发展趋向［J］. 北京科技大学学报：社会科学版，2017，33（6）：8 – 18.

李文梅. 高校外语教师科研倦怠的实证研究［J］. 中北大学学报：社会科学版，2016，32（6）：30 – 35。

李云川. 从国际学术刊物看中国英语［J］. 世纪桥，2006，12：136 – 139.

刘莉，刘念才. 1978—2007 年我国 SSCI 论文发表的基本态势研究［J］. 情报科学，2009（10）：1590 – 1594.

刘强，丁瑞常. SSCI 对我国学者学术研究的影响：以教育学科为例［J］. 比较教育研究，2014（7）：87 – 92.

刘润清. 外语教学中的科研方法：修订版［M］. 北京：外语教学与研究出版社，2015.

刘英爽. 基于性别差异的高校英语教师职业倦怠的统计学分析［J］. 外语教学，2013，34（3）：74 – 76，80.

刘宇文，张鑫鑫. 从外部激励走向内部激励：高校教师科研创新的动力转型研究［J］. 湖南师范大学教育科学学报, 2010, 9（1）：16-20.

陆根书, 顾丽娜, 刘蕾. 高校教学与科研关系的实证分析［J］. 教学研究, 2005（4）：286-290.

南京大学中国社会科学研究评价中心. 关于《中文社会科学引文索引（CSSCI）来源期刊和收录集刊（2017—2018）目录》的公示［N］. 2017. http://cssrac.nju.edu.cn/a/xwdt/zxdt/20170116/2805.html（2017年3月2日读取）.

彭伟强, 朱晓燕, 钟美华. 外语教师教育与发展研究：现状、思考与展望［J］. 外语界, 2008（5）：38-46.

秦晓晴. 外语教学研究中的定量数据分析［M］. 武汉：华中科技大学出版社, 2003.

秦晓晴, 毕劲. 外语教学定量研究方法及数据分析［M］. 北京：外语教学与研究出版社, 2015.

任伟. 国际发表影响力——高校外语教师面临的新挑战［J］. 外语与外语教学, 2018（3）：22-28.

施渝, 徐锦芬. 国内外外语焦虑研究四十年——基于29种SSCI期刊与12种CSSCI期刊40年（1972—2011）论文的统计与分析［J］. 外语与外语教学, 2013（1）：60-65.

束定芳. 中国认知语言学二十年——回顾与反思［J］. 现代外语, 2009（3）：248-258.

束定芳. 近10年来国外认知语言学最新进展与发展趋势［J］. 外语研究, 2012（1）：36-44.

束定芳, 华维芬. 中国外语教学理论研究六十年：回顾与展望［J］．外语教学，2009（6）：37-44．

宋改敏．教师专业成长的学校生态环境［M］．重庆：重庆大学出版社，2011．

宋改敏，陈向明．教师专业成长研究的生态学转向［J］．现代教育管理，2009（7）：49-52．

王斌华．教师评价：绩效管理与专业发展［M］．上海：上海教育出版社，2005．

王海啸．大学英语教师与教学情况调查分析［J］．外语界，2009（4）：6-13．

王克非，王福祥，彭宣维．"十五"期间外国语言研究综述［J］．外语学刊，2005（6）：104-108．

王铭玉，于鑫．从索绪尔看当代语言学的发展趋势［J］．符号与传媒，2014（2）：131-141．

王宁．人文社会科学评价的多元化和国际化标准［J］．重庆大学学报：社会科学版，2009a（4）：83-89．

王宁．外语人才应该为人文社会科学的国际化作出贡献［J］．中国教育，2009b（5）：104-105．

王宁．中国文化走出去：外语学科大有作为［J］．中国外语，2013（2）：10-12．

王宁．人文社会科学的多元评价机制：超越SSCI和A&HCI的模式［J］．清华大学学报：哲学社会科学版，2014，29（4）：82-85．

王圣云，吴丽红．国外教师权力研究热点与脉络演进——基于CiteSpace知识图谱方法的透视［J］．外国教育研究，2014，41（12）：114-122．

王贤文，刘则渊，栾春娟，梁永霞．SSCI数据库中的人文地理学期刊分析［J］.地理学报,2009（2）:243－252.

汪晓莉,韩江洪.基于实证视角看中国高校外语教师科研现状及发展瓶颈［J］.外语界,2011（3）:44－51.

文秋芳.我国应用语言学研究国际化面临的困境与对策［J］.外语与外语教学,2017（1）:9－17.

吴文涛,徐赟.十年来国内幼儿教师专业发展研究的热点、趋势及展望［J］.现代教育管理,2015（2）:87－91.

吴一安.优秀外语教师专业素质探究［J］.外语教学与研究,2005,37（3）:199－205.

吴一安,等.中国高校英语教师教育与发展研究［M］.北京:外语教学与研究出版社,2007.

吴一安.外语教师专业发展探究.外语研究,2008（3）:9－38.

吴宗杰.外语教师发展的研究范式［J］.外语教学理论与实践,2008（3）:55－60,31.

夏纪梅.外语教师发展问题综述［J］.中国外语,2006,3（1）:62－65.

谢玉华,毛斑斑,张新燕.高校教师科研动机实证研究［J］.高教探索,2014（4）:156－159,176.

徐昉.构建语言的生态社会系统观——基于中国语言学家国际发表问题个案研究［J］.外语与外语教学,2017（6）:45－51.

徐锦芬,聂睿.基于Citespace的国际二语写作研究动态可视化分析（2004—2014）［J］.外语电化教学,2015,164:3－9.

杨忠,张绍杰,谢江巍.大学英语教师的科研现状与问题分析［J］. 外语教学，2001，22（6）：79 - 83.

张银霞. 新管理主义背景下西方学术职业群体的困境［J］. 高等教育研究，2012，33（4）：105 - 109.

郑海燕. 中国人文社会科学国际论文统计分析——基于SSCI和A&HCI数据库（2005—2009）［M］. 北京：中国社会科学出版社，2012.

郑咏滟，高雪松. 国际学术发表的语言生态研究——以中国人文社科学者发表为例［J］. 中国外语，2016，13（5）：75 - 83.

中国科学技术协会，教育部，国家新闻出版广电总局，中国科学院，中国工程院. 关于准确把握科技期刊在学术评价中作用的若干意见［N］. 2015. http://www.cast.org.cn/n200556/n200925/n200950/c359732/content.html（2016年6月8日读取）.

中央人民政府. 中共中央关于深化文化体制改革推动社会主义文化大发展大繁荣若干重大问题的决定［N］. 2011. http://www.gov.cn/jrzg/2011 - 10/25/content_1978202.html（2014年11月18日读取）.

周燕. 高校英语教师发展需求调查与研究［J］. 外语教学与研究，2005，37（3）：206 - 210.

周燕. 高校外语教师发展需求研究［C］//吴一安，等. 中国高校英语教师教育与发展研究. 北京：外语教学与研究出版社，2007.

周燕. 中国高校英语教师发展模式研究［J］. 外语教学理论与实践，2008（3）：40 - 47，67.

朱剑. 学术评价、学术期刊与学术国际化——对人文社科学国际化热潮的冷思考［J］. 清华大学学报: 哲学社会科学版, 2009, 24 (5): 126 – 137.

朱伟, 王跃平. 生态取向的教师专业发展的四种路径［J］. 教育理论与实践, 2012, 32 (20): 24 – 27.

# 附 录

# 附录一　中国高校外语教师科研情况调查

尊敬的老师：

您好！我们是国家社会科学基金项目"高校外语教师国际学术论文发表的现状与影响因素研究"（14BYY067）课题组。根据项目计划，我们需要在全国高校外语教师中进行关于科研和学术论文发表的问卷调查，衷心希望能够得到您的参与和支持，您的反馈意见对更好地支持外语专业人才的发展，帮助外语教师参与国际学术对话具有重要意义。

本次调查通过专业问卷调查平台进行，采用匿名的方式，您的任何个人信息和意见均予以严格保密，调查结果仅用于学术研究，调查结果不会出现任何个人或机构信息，恳请您据实作答。再次感谢您的支持和帮助！

1. 您的性别：［单选题］［必答题］
   1）男　　2）女
2. 您的年龄段：［单选题］［必答题］
   1）20～29　　　　2）30～39　　　　3）40～49
   4）50～59　　　　5）60 及以上

3. 您任教的大学所在的城市是：[填空题][必答题]

4. 您的最高学历是[单选题][必答题]
   1）本科　　　　　2）硕士研究生　　3）博士研究生
   4）其他

5. 以下哪个选项符合您的学习经历：[多选题]
   1）中国大陆境内高校博士学历
   2）中国大陆境内高校硕士学历
   3）境外高校博士学历
   4）境外高校硕士学历
   5）境外高校访问学者1年或以上
   6）境外高校访问学者1年以下

6. 您目前的专业技术职称是[单选题][必答题]
   1）助教　　　　　2）讲师　　　　　3）副教授
   4）教授　　　　　5）其他

7. 您开始任现专业技术职称的时间是[填空题][必答题]

8. 您的高校教龄有[填空题][必答题]

9. 您所在的学校属于（选最高级别）[单选题][必答题]
   1）"985工程"重点建设大学
   2）"211工程"重点建设大学
   3）省重点建设高校
   4）其他普通高校

10. 您的学生是[多选题][必答题]
    1）英语专业学生　　　2）非英语专业学生

3）其他语种专业学生

11. 您每周的授课时数是 ［单选题］［必答题］

　　1）8 节以下　　　2）8～12 节　　　3）13～18 节

　　4）18 节以上

12. 您比较确定的研究方向有：［多选题］［必答题］

　　1）文学　　　　2）文化　　　　　3）翻译

　　4）语言学　　　5）教育教学　　　6）其他

13. 您每周用于科研研读、著述的时间大约平均有（不含备课时间）［单选题］［必答题］

　　1）1 小时以下　　2）1～3 小时　　　3）4～6 小时

　　4）7～8 小时　　　5）8 小时以上

14. 您认为科研对高校外语教师的教学有什么作用？［多选题］［必答题］

　　1）基本没作用

　　2）没明显作用

　　3）能够丰富和深化教育教学理念

　　4）能够丰富教材、教学内容

　　5）能够改进教学策略、方法

15. 请填写您以第一作者身份发表过的论文数量（如无，请填 0）［矩阵文本题］［必答题］

　　1）国际索引 SSCI 收录的论文　　　_____

　　2）国际索引 A&HCI 收录的论文　　_____

　　3）经过同行评议的其他国际期刊论文　_____

　　4）国内 CSSCI 收录的论文　　　　_____

　　5）国内其他期刊上发表的论文　　　_____

　　6）国外出版社出版的学术专著　　　_____

7）国外出版社出版的教材　　　　　＿＿＿＿＿＿
8）国内出版社出版的学术专著　　　＿＿＿＿＿＿
9）国内出版社出版的教材　　　　　＿＿＿＿＿＿

16. 请填写您主持过的课题数量（如无，请填0）[矩阵文本题][必答题]

　　1）国际基金课题　　　＿＿＿＿＿＿＿＿＿＿＿
　　2）国家基金课题　　　＿＿＿＿＿＿＿＿＿＿＿
　　3）教育部课题　　　　＿＿＿＿＿＿＿＿＿＿＿
　　4）省市级基金课题　　＿＿＿＿＿＿＿＿＿＿＿
　　5）其他基金课题　　　＿＿＿＿＿＿＿＿＿＿＿

17. 以下是关于对从事科研工作的动力和看法的一些表述，您是否同意这些表述？请根据您的实际情况和真实感受在相应位置作出选择。[矩阵单选题][必答题]

|  | 完全不同意 | 不同意 | 不确定 | 同意 | 完全同意 |
|---|---|---|---|---|---|
| 1. 我发表论文是为了完成科研工作量 | 1 | 2 | 3 | 4 | 5 |
| 2. 晋升职称是我发表文章的最主要目的 | 1 | 2 | 3 | 4 | 5 |
| 3. 因为每年有绩效评估，我不得不写一些科研论文 | 1 | 2 | 3 | 4 | 5 |
| 4. 如果学校对发表学术文章没有要求，我是不会去从事科研工作或写文章的 | 1 | 2 | 3 | 4 | 5 |

续表

| | 完全不同意 | 不同意 | 不确定 | 同意 | 完全同意 |
|---|---|---|---|---|---|
| 5. 我从事科研工作是因为学校对发表的文章给予奖金奖励 | 1 | 2 | 3 | 4 | 5 |
| 6. 我鼓励自己多发表文章是为能得到同事或者同行业人的认可 | 1 | 2 | 3 | 4 | 5 |
| 7. 我从事科研工作并撰写学术文章是为了增加收入 | 1 | 2 | 3 | 4 | 5 |
| 8. 我鼓励自己多发表文章是为了提高我的社会声望 | 1 | 2 | 3 | 4 | 5 |
| 9. 不断提高我的社会地位是我发表科研论文的主要动力 | 1 | 2 | 3 | 4 | 5 |
| 10. 参加国内外学术会议是我发表文章的主要动力 | 1 | 2 | 3 | 4 | 5 |
| 11. 我发表文章主要是能为将来寻找到更好的工作奠定基础 | 1 | 2 | 3 | 4 | 5 |
| 12. 我从事科研工作并撰写学术论文完全是因为感兴趣 | 1 | 2 | 3 | 4 | 5 |

续表

|  | 完全不同意 | 不同意 | 不确定 | 同意 | 完全同意 |
|---|---|---|---|---|---|
| 13. 我就是非常喜欢做科研工作 | 1 | 2 | 3 | 4 | 5 |
| 14. 我很喜欢在写文章时那种不断探索研究的感觉 | 1 | 2 | 3 | 4 | 5 |
| 15. 对高水平学术文章的追求是我从事科研工作的最主要因素 | 1 | 2 | 3 | 4 | 5 |
| 16. 激励我从事科研工作的主要因素是我想提高我个人的学术水平和知识 | 1 | 2 | 3 | 4 | 5 |
| 17. 我喜欢科研工作是因为每当文章发表后我有种很强烈的成就感 | 1 | 2 | 3 | 4 | 5 |
| 18. 我很希望我发表的文章能够对社会的发展做出一定的贡献 | 1 | 2 | 3 | 4 | 5 |
| 19. 我从事科研工作是因为我很享受研究工作的自主性，可以自行安排你自己的工作 | 1 | 2 | 3 | 4 | 5 |

续表

| | 完全不同意 | 不同意 | 不确定 | 同意 | 完全同意 |
|---|---|---|---|---|---|
| 20. 能够对相关的学术领域做出贡献是激励我发表文章的主要因素 | 1 | 2 | 3 | 4 | 5 |
| 21. 我发表文章是为了履行一种社会职责 | 1 | 2 | 3 | 4 | 5 |
| 22. 作为一名大学的教职人员，我有义务去发表一些学术论文 | 1 | 2 | 3 | 4 | 5 |
| 23. 我从事科研工作并撰写学术论文是为了实现自身价值 | 1 | 2 | 3 | 4 | 5 |
| 24. 我从事科研工作是为了更好指导我的教学工作 | 1 | 2 | 3 | 4 | 5 |
| 25. 因为从事科研工作不用按时按点的上下班，这种工作的灵活性是我从事科研工作的主要原因 | 1 | 2 | 3 | 4 | 5 |

18. 以下是关于对影响您在国际学术期刊发表文章的因素的表述,您是否同意这些表述?请根据您的实际情况和真实感受在相应位置作出选择。[矩阵单选题][必答题]

| | 完全不同意 | 不同意 | 不确定 | 同意 | 完全同意 |
|---|---|---|---|---|---|
| 26. 我对国际学术期刊缺乏了解 | 1 | 2 | 3 | 4 | 5 |
| 27. 我对自己研究领域的国际研究前沿和动态缺乏了解 | 1 | 2 | 3 | 4 | 5 |
| 28. 我缺乏撰写英文论文的经验 | 1 | 2 | 3 | 4 | 5 |
| 29. 我对在国际期刊发表文章没有自信 | 1 | 2 | 3 | 4 | 5 |
| 30. 我没有时间撰写英文论文 | 1 | 2 | 3 | 4 | 5 |
| 31. 我不了解向国际学术期刊投稿的程序 | 1 | 2 | 3 | 4 | 5 |
| 32. 我缺乏科研能力 | 1 | 2 | 3 | 4 | 5 |
| 33. 我缺乏科研经费 | 1 | 2 | 3 | 4 | 5 |
| 34. 我缺乏社会关系 | 1 | 2 | 3 | 4 | 5 |
| 35. 我缺乏参与国际学术交流的经验 | 1 | 2 | 3 | 4 | 5 |

续表

| | 完全不同意 | 不同意 | 不确定 | 同意 | 完全同意 |
|---|---|---|---|---|---|
| 36. 我所在学校对在国际学术期刊发表论文没有特别的激励政策 | 1 | 2 | 3 | 4 | 5 |
| 37. 我的英文学术写作水平不足 | 1 | 2 | 3 | 4 | 5 |
| 38. 我的院系同事很少在国际学术会议上汇报研究成果 | 1 | 2 | 3 | 4 | 5 |
| 39. 我缺乏可利用的国际文献资源 | 1 | 2 | 3 | 4 | 5 |
| 40. 我的院系同事很少在国际学术期刊发表论文 | 1 | 2 | 3 | 4 | 5 |

19. 贵校对教师在国际学术期刊发表论文有什么激励政策吗？您对高校激励教师在国际学术期刊发表论文方面有什么建议和意见？［填空题］

20. 我们在研究的第二阶段需要邀请若干位老师就相关话题进行访谈，非常期待您的参与。如果您愿意参加访谈，请留下有效通讯方式（请放心，提交问卷后，您填写的信息不会在网站上显示）：电话：＿＿＿＿＿＿＿和/或电子邮件：＿＿＿＿＿＿＿［填空题］

# 附录二 中国高校外语教师科研情况访谈提纲

1. 您能简单介绍一下您的教育和工作经历吗?
2. 您的研究兴趣是什么?
3. 您大概间隔多久会读研究论文或其他跟研究相关的出版物?
4. 您从事科研的主要动机是什么?您认为教学和科研的关系是什么?
5. 您的家人和同事对您的科研工作有提供帮助吗?如果有,是什么样的帮助?如果没有,是为什么呢?
6. 有没有对您的研究产生影响的关键事件或重要的人?如果有,是什么事件或人?是什么使得您坚持研究或放弃研究?
7. 在研究中您遇到什么挑战?您认为自己是一个研究者吗?为什么(不)?
8. 您经常发表论文吗?您在国内期刊发表的文章多还是在国际学术期刊发表的文章多?
9. 您在国内期刊发表文章遇到过什么挑战?您在国际期刊发表文章遇到过什么挑战?
10. 您能讲述您印象最深刻的在国内期刊成功发表论文(或

未能成功发表）的一个故事或一次经历吗？
11. 您能讲述您印象最深刻的在国际期刊成功发表论文（或未能成功发表）的一个故事或一次经历吗？
12. 您能介绍一下您的学校关于学术评价政策吗？您的学校鼓励老师在国际学术期刊发表论文吗？如果鼓励，是怎么样的鼓励？

# 附录三　国际期刊主编的访谈提纲

1. For how long have you been acting as an editor of international journals including the current one and previous ones?
2. Could you talk about the evaluation criteria for evaluating manuscripts submitted to your journal?
3. Could you describe roughly the submission rate and acceptance rate of manuscripts from China-based scholars in the recent five years?
4. What are the strengths and weaknesses of manuscripts from China-based scholars that have most impressed you?
5. It has been reported that submissions to international journals from China have massively increased in recent years. Did you observe this trend? If yes, do you have any concern about balancing publication output from different regions of the world? What strategies, if any, did you or would you take to handle the increased submissions from China?
6. Overall, what suggestions would you like to give to Chinese scholars who are interested in publishing in international journals?

# 附录四　国内期刊主编的访谈提纲

1. 您能谈一下您担任期刊主编的经历吗？（哪一年开始的等）
2. 您能谈一下贵刊对稿件的审稿程序吗？（录用稿件的类型、稿件长度、录用率、评审标准等）
3. 现在国内很多期刊采用网上投稿系统，常听到的反映是国内期刊较少向作者反馈审稿意见或者意见非常简短，这与国际期刊的一般做法差异较大。您能就此情况谈一下吗？
4. 您认为高校外语教师的科研论文稿件的长处和弱项是什么？
5. 社会上有关于国内发文章要有社会关系的说法，也有相关研究讨论了这现象，您是怎么看待这些说法的？
6. 总的说来，对于希望在贵刊发表文章的高校外语教师，您会给出哪些意见、建议呢？

# 附录五　高校科研管理部门负责人的访谈提纲

1. 贵校鼓励教师在国际核心期刊，如 SSCI、A&HCI、SCI 收录的期刊发表文章吗？如果有，有什么激励政策？
2. 贵校外语学科教师在国际核心期刊发表论文的情况如何？与理科（如 SCI）的国际论文发表情况相比如何？
3. 过往研究发现外语教师在科研和国际学术论文发表方面较弱，您认同吗？您认为主要有哪些原因？
4. 您认为在国家层面和学校层面可以怎样更好地推动高校外语教师开展科研和在国际核心期刊发表论文呢？
5. 国内学界有人提出过度强调 SSCI 和 SCI 会带来一些弊端，您怎么看待这个问题？据您所知，国家在这方面有什么政策上的导向吗？